Französisch - Bild für Bild

Von I. A. Richards, M. H. Ilsley und
Christine M. Gibson

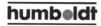

humboldt-taschenbuch 297
Umschlaggraphik: Christa Manner

Taschenbuchbearbeitung durch die Redaktion: Einführung in die
Aussprache, phonetische Erklärungen im Text, deutsche Übersetzung
der Wörterliste

© 1976 by Humboldt-Taschenbuchverlag Jacobi KG, München
für die Taschenbuchausgabe
© by English Language Research, Inc., Cambridge, Mass./USA,
für die Originalausgabe: »French through Pictures«
Druck: Presse-Druck Augsburg
Printed in Germany
ISBN 3-581-66297-3

Vorwort

Dieses Buch ist für den Anfänger gedacht, der die französische Sprache anhand von Bildern erlernen soll. Jede Seite ist nach dem Schema

1	2
3	4

zu lesen. In zusammenhängenden Sätzen, die sich unmittelbar auf die Bilder beziehen, werden 700 der gebräuchlichsten französischen Wörter behandelt. Jede nachfolgende Lerneinheit baut auf der vorangegangenen auf. Dabei ist nach streng methodischen Gesichtspunkten vorgegangen worden.

Wenn man Seite um Seite den Bezug zwischen Bild und Text herstellt, lernt man die Anfangsgründe des Französischen spielend und ohne übermäßigen Gedächtnisaufwand. Übersetzungen in die Muttersprache sind auf jeden Fall zu vermeiden. Es sollten jeweils zwei bis drei Seiten so lange geübt werden, bis der Lernende in der Lage ist, die zu den Bildern passenden Sätze ohne Hilfe französisch zu formulieren. Er sollte von vornherein versuchen, die Texte nicht einfach auswendig zu lernen, sondern sie auch zu verstehen. Die Fragen, die in Abständen von ungefähr 30 Seiten im Text auftauchen, dienen der zusätzlichen Überprüfung der Kenntnisse. Sie sind auf französisch zu beantworten.

Taucht eine Vokabel zum ersten Mal im Text auf, so wird sie am unteren Rand der betreffenden Seite noch einmal zusammen mit der Lautschrift in eckigen Klammern aufgeführt. Die Aussprache wird durch die Symbole der Association Phonétique Internationale wiedergegeben.

Ein Wörterverzeichnis am Ende des Buches bringt die Vokabeln des Hauptteils mit den entsprechenden deutschen Übersetzungen.

Die phonetischen Zeichen der Association Phonétique Internationale

a) Vokale (Selbstlaute)

Zeichen	Lautcharakteristik	Aussprache verwandter deutscher Laut kurz	lang	französisches Beispiel kurz	lang
a	helles a	Ratte	Straße	va	part
ɑ	dunkles a	Mantel	Vater	bas	pâte
ã	nasaliertes a	—	—	grand	grande
e	geschlossenes e	Edikt	—	été	—
ɛ	offenes e	fällen	gähnen	après	mère
ɛ̃	nasaliertes e	—	—	pain	joindre
ə	dumpfes e, deutliche Lippenrundung	Hacke	—	le; genou	—
i	geschlossenes i	vielleicht	Dieb	dit	disent
o	geschlossenes o	Advokat	Sohle	auto	chaude
ɔ	offenes o	Ort	—	molle	fort
õ	nasaliertes o	—	—	mon	réponse
ø	geschlossenes ö	—	schön	deux	heureuse
œ	offenes ö	öfter	—	nœuf	fleur
œ̃	nasaliertes ö	—	—	parfum	—
u	geschlossenes u	Turm	Uhr	bouche	rouge
y	geschlossenes ü, deutliche Lippenrundung	amüsieren	Mühle	sud	mur

b) Konsonanten (Mitlaute)

Zeichen	Lautcharakteristik	Aussprache verwandter deutscher Laut	französisches Beispiel
p	stimmlos, aber ohne nachfolgende Hauchung (Aspiration)	platt	paix
t		Topf	table
k		Karte	carte
f	stimmlos	Folge	ferme
s	stimmlos	Gasse	sent
ʃ	stimmlos	Schaden	chante
b	stimmhaft	Birne	beau
d	,,	dort	droit
g	,,	gehen	gant
v	,,	Wein	vin
z	,,	Sonne	maison
ʒ	,,	Genie	je
j	wie deutsches j in „Jahr"	Champion	assiette
l		laden	salle
r		reichen	rouge
m		Mann	mou
n		nein	nom
ɲ	mouilliertes n (n mit Mundstellung j)	Champagner	ligne
ŋ	nasaler Verschlußlaut, im Französischen nur in Fremdwörtern	singen	Washington

c) Halbvokale (Halbkonsonanten)

w	gleitendes u	—	oui
ɥ	gleitendes ü	—	nuit

d) Zusätzliche Zeichen

Vokaldehnung wird durch : hinter dem betreffenden Vokal bezeichnet. Die Tonstelle zwei- und mehrsilbiger Wörter liegt in der Regel auf der letzten Silbe. Von einer Akzentangabe wurde deshalb abgesehen.

e) Liaison (Bindung)

Dem Sinn nach zusammengehörige und in einem grammatischen Verhältnis zueinander stehende Wörter werden häufig gebunden, indem der letzte Mitlaut (Endkonsonant) eines Wortes mit dem Anfangsselbstlaut (vokalischen Anlaut) des folgenden Wortes verschmolzen wird. Dabei wird der sonst stumme Mitlaut wieder hörbar. Diese Bindung (Liaison) wird gekennzeichnet durch ein ‿ zwischen dem letzten Mitlaut des ersten Wortes und dem Anfangsselbstlaut des folgenden (elles‿arrivent).

Die Liaison wird besonders gern gebraucht zwischen

1. zusammengesetzten Ausdrücken (peut‿être);
2. dem Geschlechtswort (Artikel) und dem dazugehörigen Hauptwort (Substantiv) (les‿enfants);
3. dem hinweisenden bzw. besitzanzeigenden Fürwort (Demonstrativ- bzw. Possessivpronomen) und dem dazugehörigen Hauptwort (Substantiv) (cet‿enfant, ses‿amis);
4. dem Eigenschaftswort (Adjektiv) und dem dazugehörigen Hauptwort (Substantiv) (petit‿enfant);
5. dem persönlichen Fürwort (Personalpronomen) und dem dazugehörigen Tätigkeitswort (Verb) (il‿arrive);
6. dem Umstandswort (Adverb) und dem folgenden Wort (très‿utile, pas‿ici);
7. dem Verhältniswort (Präposition) und dem davon abhängigen Wort (sans‿argent).

Merke: Das Wort **et** wird nie gebunden!

Einige Mitlaute (Konsonanten) verändern in der Liaison ihre Lauteigenschaft:

> d wird zu t (grand‿homme [grãtəm])
> s wird zu z (mes‿enfants [mezãfã])
> x wird zu z (deux‿heures [døzœ:r])
> f wird zu v (neuf‿ans [nœvã])

C'est moi.

C'est vous.

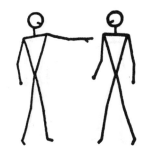

C'est moi.

C'est vous.

c'est [sɛ]
moi [mwa]

vous [vu]

C'est lui.

C'est_elle.

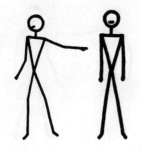

C'est moi.

C'est nous.

lui [lɥi]
c'est elle [sɛtɛl]

elle [ɛl]
nous [nu]

C'est lui.

C'est_elle.

C'est vous.

C'est nous.

C'est moi.
Je suis_ici.

C'est lui.
Il est là-bas.

C'est_elle.
Elle est_ici.

Elle est là-bas.

je suis ici [ʒəsɥizisi]
suis [sɥi]
ici [isi]

il est là-bas [ilɛlabɑ]
elle est ici [ɛlɛtisi]
est [ɛ]

Il est_ici.	Il est là-bas.

Ils sont_ici.	Ils sont là-bas.

il est ici [ilɛtisi]
ils sont ici [ilsɔ̃tisi]

ils sont [ilsɔ̃]

Vous_êtes là-bas.

Vous_êtes là-bas.

Vous_êtes ici.

Nous sommes_ici.

vous êtes [vuzɛt]

nous sommes ici [nusɔmzisi]

C'est_un garçon.	C'est_une petite fille.

Ce garçon est_ici.	Ce garçon est là-bas.

c'est un garçon [sɛtœ̃garsɔ̃] c'est une petite fille [sɛtynpətitfi:j]	ce [sə]

Cette petite fille est‿ici.	Cette petite fille est là-bas.

Ces garçons sont‿ici.	Ces petites filles sont là-bas.

cette [sɛt]
ces [se]

garçons [garsɔ̃]
petites filles [pətitfi:j]

C'est_un homme.
Cet_homme est_ici.
Il est_ici.

Cet_homme est là-bas.
Il est là-bas.

C'est_une femme.
Cette femme est_ici.
Elle est_ici.

Cette femme est là-bas.
Elle est là-bas.

homme [ɔm]
cet homme [sɛtɔm]

femme [fam]

C'est une table.
La table est ici.

La table est là-bas.

C'est un chapeau.

C'est une main.

table [tabl]
la [la]
chapeau [ʃapo]
main [mɛ̃]

le pouce [ləpus]
ce sont [səsɔ̃]
les doigts [ledwa]

C'est une tête.
C'est ma tête.

C'est un chapeau.
C'est mon chapeau.

J'ai une tête.

J'ai un chapeau.

J'ai mon chapeau à la main.

J'ai mon chapeau sur la tête.

tête [tɛ:t]
ma [ma]
j'ai [ʒe]

mon [mɔ̃]
à la main [alamɛ̃]
sur la tête [syrlatɛ:t]

11

J'ai un chapeau.
C'est mon chapeau.

Il a un chapeau.
C'est son chapeau.

J'ai mon
chapeau
à la main.

Il a son
chapeau
à la main.

Il a son chapeau sur la tête.

Elle a son chapeau à la main.

il a [ila]

son [sɔ̃]

Vous_avez un chapeau.
C'est votre chapeau.
Il est sur la table.

Ce sont vos chapeaux.
Ils sont sur la table.

J'ai deux mains.

Voici deux mains.

C'est la main droite.

C'est la main gauche.

Voici la main droite.

Voici la main gauche.

---

vous avez [vuzave]
votre [vɔtr]
vos [vo]
chapeaux [ʃapo]

deux [dø]
droite [drwat]
gauche [go:ʃ]
voici [vwasi]

Son chapeau est sur la table.	Il enlèvera son chapeau de la table.

Il enlève son chapeau de la table.	Il a enlevé son chapeau de la table.

il enlèvera [ilɑ̃lɛvra]
de la table [dəlatabl]

il enlève [ilɑ̃lɛ:v]
il a enlevé [ilaɑ̃lve]

Il mettra son chapeau sur sa tête.	Il met son chapeau sur sa tête.

Il a mis son chapeau sur sa tête.	Son chapeau était sur la table. Il était sur la table. Il est sur sa tête.

il mettra [ilmɛtra]
sa [sa]
il met [ilmɛ]

il a mis [ilami]
il était [iletɛ]

Il enlèvera son chapeau.	Il enlève son chapeau.

Il a son chapeau à la main. Il était sur sa tête.	Il a enlevé son chapeau. Il a son chapeau à la main.

Voici un chapeau.

Voici deux chapeaux.

Voici une main.

Voici deux mains.

Voici une table.

Voici deux tables.

Voici un homme.

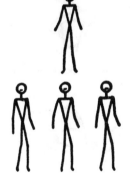

Voici trois_hommes.

Voici une femme.

Voici trois femmes.

---

tables [tabl]
trois hommes [trwazɔm]

trois [trwa]
femmes [fam]

Voici un homme.	Voici une femme.
Voici sa main.	Voici sa main.
C'est la main de l'homme.	C'est la main de la femme.
Voici le chapeau d'un homme.	Voici le chapeau d'une femme.
Cet_homme a son chapeau sur la tête.	Elle a son chapeau sur la tête.

Maintenant il a son chapeau à deux mains.	Maintenant elle a son chapeau à deux mains.

l'homme [lɔm]
d'un homme [dœ̃nɔm]
maintenant [mɛ̃tnɑ̃]

à deux mains [adømɛ̃]
d'une femme [dynfam]

Il donnera son chapeau à l'homme. 	Il donne son chapeau à l'homme. Il le donne à l'homme. 
Il a donné son chapeau à l'homme. 	Maintenant l'homme a son chapeau à deux mains. 

---

il donnera [ildɔnra]
il donne [ildɔn]

il le donne [iləa dɔn]
il a donné [ila dɔne]

Cet homme donnera son chapeau à la femme.

Il donne son chapeau à la femme. Il le donne à la femme.

Il a donné son chapeau à la femme.

Maintenant elle a son chapeau à deux mains.

Cette femme mettra son chapeau sur la table.

Elle met son chapeau sur la table.
Elle le met sur la table.

Elle a mis son chapeau sur la table.

Elle avait son chapeau à la main.
Il est sur la table.

elle avait [ɛlavɛ]

Voici un bateau.
C'est_un bateau.

Voici trois bateaux.
Ce sont des bateaux.

Ce bateau est dans la bouteille.

Ces bateaux sont sur l'eau.

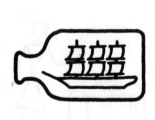

Voici l'eau.

bateau [bato]
des bateaux [debato]

dans la bouteille [dɑ̃labutɛ:j]
l'eau [lo]

L'eau est dans le verre.
Le verre est sur la table.

L'eau est dans la bouteille.

Le verre était sur la table.

Le verre et l'eau sont sur le plancher.

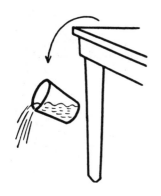

Voici le plancher.

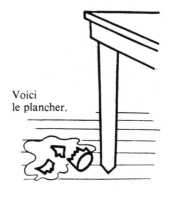

le verre [ləvɛːr]
et [e]

le plancher [ləplɑ̃ʃe]

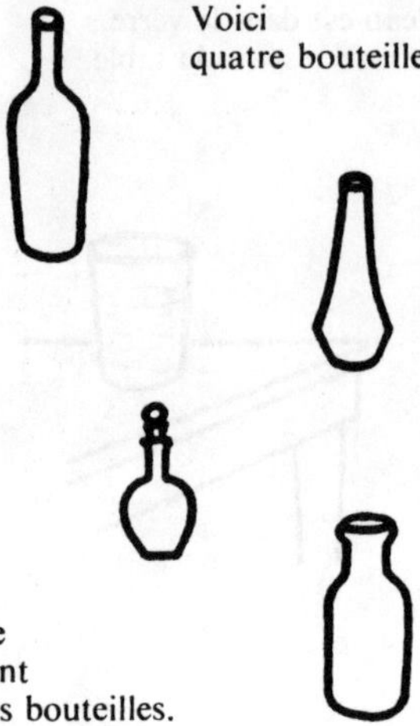

Voici quatre bouteilles.

Voici quatre verres.

Ce sont des bouteilles.

Ce sont des verres.

Voici un oiseau et voici un autre oiseau.

Ce sont des_oiseaux.

Voilà un homme et une femme.

Ils sont là-bas.

Voici un homme et une femme.

Ils sont_ici.

---

quatre [katr]
bouteilles [butɛ:j]
verres [vɛ:r]

un oiseau [œ̃nwazo]
autre [o:tr]
des oiseaux [dezwazo]
voilà [vwala]

Voici un homme.

Il a deux bras.

Il a deux jambes.

Il a deux pieds.

Voici un bras.

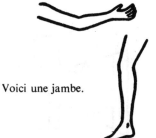

Voici une jambe.

Voici un pied.

Voici une table.

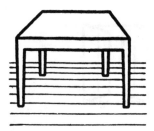

Cette table a quatre pieds.

Elle a quatre pieds.

Voici une chaise.
Elle a quatre pieds.

Voici les pieds de la chaise.

---

bras [brɑ]
jambes [ʒɑ̃:b]
pieds [pje]

jambe [ʒɑ̃:b]
pied [pje]
chaise [ʃɛ:z]

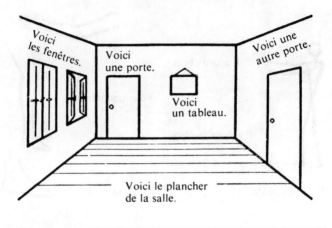

Voici les fenêtres de la salle.

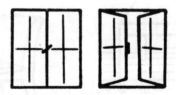

Cette fenêtre est fermée. Cette fenêtre est_ouverte.

---

salle [sal]
fenêtre [fənɛ:tr]
porte [pɔrt]

tableau [tablo]
est fermée [ɛfɛrme]
est ouverte [ɛtuvɛrt]

Cette porte est_ouverte.

Cette porte est fermée.

Voici un mur.

Il y a un tableau sur ce mur.

Voici un autre mur.

Voici le plancher de la salle.

Voici un tableau.

Il y a un homme et une femme dans ce tableau.

Voici un crochet.

Voici une corde.

Voici le cadre du tableau.

mur [my:r]
il y a [ilja]
crochet [krɔʃɛ]

corde [kɔrd]
cadre [kɑ:dr]
du [dy]

Voici une maison.

Il y a quatre fenêtres et une porte dans cette maison.

Voici des maisons.
Il y a trois maisons dans cette rue.

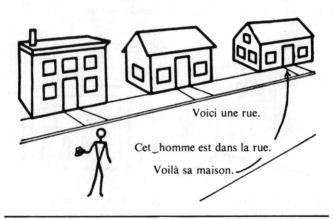

maison [mɛzɔ̃]   rue [ry]
maisons [mɛzɔ̃]

Voici un homme.
Voilà sa maison.
Cet‿homme ira
à la maison.

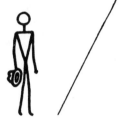

Il va
à la maison.

Il est‿allé
à la maison.

Il est‿à la porte.

Il était‿ici.

Il est‿à la porte de sa maison.

ira [ira]
il va [ilva]

il est allé [ilɛtalé]
il est à la porte [ilɛtalapɔrt]

Qu'est-ce que c'est?

Voici un point d'interrogation.

?

On met un point d'interrogation après_une question.

C'est_un chapeau.

« Qu'est-ce que c'est? » est_une question.
« C'est_un chapeau, » est_une réponse.

« Est-ce que c'est_un chapeau? » est_une question.

« Est-ce que c'est_un chapeau? »

Voici la réponse: « Oui, c'est_un chapeau. »

Voici la réponse: « Non, c'est_une main. »

---

qu'est-ce que c'est [kɛskəsɛ] · question [kɛstjɔ̃] · réponse [repɔ̃:s] · **point d'interrogation** [pwɛ̃dɛ̃tɛrɔgasjɔ̃] · on [ɔ̃] · après une question **[aprɛzynkɛstjɔ̃]** · est-ce que c'est [ɛskəsɛ] · oui [wi] · non [nɔ̃]

VOICI DES QUESTIONS

a Qu'est-ce que c'est?

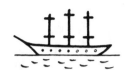

b Qu'est-ce que c'est?

c Et ceci?

d Qu'est-ce que c'est?

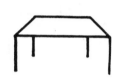

e Et ceci?

f Qu'est-ce que c'est?

g Et ceci?

h Qu'est-ce que c'est?

C'est la page 31. Les réponses sont à la page 34.

ceci [səsi]
la page [lapaːʒ]

31 = trente et un [trɑ̃teœ̃]
34 = trente quatre [trɑ̃katr]

VOICI DES QUESTIONS

a Qu'est-ce que c'est?

Et ceci?

b Qu'est-ce que c'est?

Et ceci?

c Qu'est-ce que c'est?

Et ceci?

d Qu'est-ce que c'est?

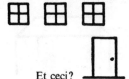

Et ceci?

e Qu'est-ce que c'est?

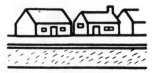

Et ceci?

f Qu'est-ce que c'est?

Et ceci?

g Qu'est-ce que c'est?

Et ceci?

h Qu'est-ce que c'est?

Et ceci?

C'est la page 32. Les réponses sont à la page 34.

32 = trente-deux [trãtdø]
34 = trente-quatre [trã:t katr]

VOICI DES QUESTIONS

a Est-ce que le chapeau est sur la table?

b Est-ce que l'homme est dans la salle?

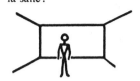

c Est-ce que le tableau est sur le plancher?

d Est-ce que l'oiseau est sur le plancher?

e Est-ce que l'homme a le verre à la main?

f Est-ce que l'eau était dans le verre?

g Est-ce que le bateau est sur l'eau?

h Est-ce que l'homme et la femme sont‿à la porte?

C'est la page 33. Les réponses sont‿à la page 34.
33 = trente-trois [trăt trwa]

Voici les réponses aux questions: pages 31, 32 et 33.

Page 31

a C'est‿une maison.
b C'est‿un bateau.
c C'est‿une table.
d C'est‿une bouteille.
e C'est‿une jambe.
f C'est‿un bras.
g C'est le pied de la table.
h Ce sont les pieds de la chaise.

Page 32

a Ce sont trois‿hommes et une femme.
b Ce sont des verres.
C'est‿un verre.
c C'est‿une main.
C'est le pouce.
d Ce sont des fenêtres.
C'est‿une porte.
e Ce sont des maisons.
C'est‿une rue.
f C'est‿un tableau.
C'est le cadre du tableau.
g Ce sont des pieds.
C'est‿un pied.
h C'est‿une salle.
C'est‿une table.
Il y a une table dans la salle.

Page 33

a Oui, le chapeau est sur la table.
b Oui, l'homme est dans la salle.
c Oui, le tableau est sur le plancher.
d Oui, l'oiseau est sur le plancher.
e Oui, l'homme a le verre à la main.
f Oui, l'eau était dans le verre.
g Oui, le bateau est sur l'eau.
h Oui, l'homme et la femme sont‿à la porte.

---

aux [o]

Qu'est-ce que c'est?
C'est_une pendule.
Quelle heure est-il?
Il est une heure.

Quelle heure est-il?
Il est deux_heures.
Il était une heure.
Il sera trois_heures.

Quelle heure est-il?
Il est quatre heures.
Il était trois_heures.
Il sera cinq_heures.

Quelle heure est-il?
Il est maintenant six_heures.
Il était cinq_heures.
Il sera sept_heures.

---

pendule [pãdyl]
quelle heure est-il? [kɛlœ:rɛtil]
deux heures [døzœ:r]
il sera [ilsəra]

cinq [sɛ̃:k]
six [sis]
six heures [sizœ:r]
sept [sɛt]

Quelle heure est-il?
Il est maintenant huit_heures.
Il était sept_heures.
Il sera neuf_heures.

Quelle heure est-il?
Il est maintenant dix_heures.
Il était neuf_heures.
Il sera onze heures.

Quelle heure est-il?
Il est midi.
Il était onze heures.
Il sera une heure.

Voici un numéro: 3
Voici des numéros: 3, 5, 7

Voici les numéros d'un à douze:
un (une), deux, trois, quatre,
cinq, six, sept, huit, neuf, dix,
onze, douze.

---

huit [ɥit]
neuf [nœf]
neuf heures [nœ:vœ:r]
dix [dis]
dix heures [dizœ:r]

onze [ɔ̃:z]
midi [midi]
numéro [nymero]
numéros [nymero]
douze [duz]

Qu'est-ce que c'est?

C'est_une maison.

Qu'est-ce que c'est?
C'est_un chapeau.

Voici un homme.

 Voici une femme.

Voici un garçon.

Voici une petite fille.

Une maison est_une chose. Un chapeau est_une chose. Les portes et les fenêtres sont des choses. Les tables et les chaises sont des choses.

Les_hommes et les femmes, les garçons, et les petites filles sont des personnes.

Vous_êtes une personne.

Il y a deux personnes dans cette salle.
Ce sont un garçon et une petite fille.

La petite fille ira à la fenêtre.

La petite fille est_à la porte.
Le garçon est_à la fenêtre.

Elle sera à la fenêtre avec le garçon.
Elle sera avec lui à la fenêtre.

chose [ʃo:z]
portes [pɔrt]
choses [ʃo:z]
chaises [ʃɛ:z]

personne [pɛrsɔn]
personnes [pɛrsɔn]
avec [avɛk]
lui [lɥi]

La petite fille va à la fenêtre.
Où est-elle?

Elle est_allée à la fenêtre.
Maintenant elle est_à la fenêtre.

Elle est entre la porte et la fenêtre.

Elle est_avec le garçon.

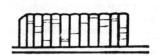

Ces livres sont_ensemble sur le rayon.

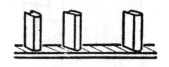

Ils sont_à la fenêtre ensemble.
Elle est_avec lui à la fenêtre.
Il est_avec elle à la fenêtre.

Ces livres ne sont pas_ensemble.
Ils sont sur le rayon, mais_ils ne sont pas_ensemble.

---

où [u]
entre [ã:tr]
allée [ale]
ensemble [ãsã:bl]
livres [li:vr]

ne sont pas ensemble
  [nəsõpazãsãbl]
le rayon [lərɛjõ]
mais [mɛ]
mais ils [mɛzil]

Le garçon et la petite fille iront de la fenêtre à la porte.

Ils vont de la fenêtre à la porte.
Ils_étaient_à la fenêtre.

Ils sont_à la fenêtre.
Ils ne sont pas_à la porte.

Ils sont_allés de la fenêtre à la porte.

Ils sont_allés ensemble à la porte.

Ils sont maintenant à la porte ensemble.
Le garçon est_avec la petite fille à la porte.
Ils ne sont pas_à la fenêtre.

iront [irɔ̃]
vont [vɔ̃]

ils étaient [ilzetɛ]
allés [ale]

Voici la tête d'un homme.

Voilà la tête d'une femme.

Voici les_yeux.

Voici
l'œil
droit.

Voici
l'œil
gauche.

Les_yeux sont dans la tête.

Cette femme a les_yeux ouverts.

Cette femme a les_yeux fermés.

les yeux [lezjø]
l'œil [lœ:j]
droit [drwa]

ouverts [uvɛ:r]
fermés [fɛrme]

40

J'ai les yeux ouverts.
Je vois.
Elle a les yeux fermés.
Elle ne voit pas.

Elle a les yeux ouverts maintenant.
Elle voit.
Qu'est-ce qu'elle voit?
Elle me voit.

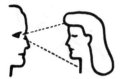
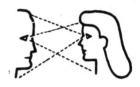

J'ai les yeux ouverts.
Elle ne me voit pas.

Je la vois.

Elle a les yeux ouverts.

Elle a les yeux fermés.

Elle voit.
Elle avait les yeux fermés.
Elle ne voyait pas.

Elle avait les yeux ouverts.
Elle voyait.
Qu'est-ce qu'elle voyait?

Elle ne me voyait pas.

Elle me voyait.

---

vois [vwa]
voit [vwa]
me [mə]

la [la]
voyait [vwajɛ]

41

Un homme a deux_yeux.
J'ai deux_yeux.

Voici mes_yeux.

Un homme a un nez.
J'ai un nez.

Voici mon nez.

Un homme a une bouche.
J'ai une bouche.

Voici ma bouche.

Cet_homme a la bouche ouverte.
Il dit : « ouvert. »

Il a la bouche fermée.

Il ne dit rien.

mes yeux [mezjø]
mes [me]
nez [ne]
bouche [buʃ]
il dit [ildi]

Il a la bouche
fermée.
Il dira : « ouvert. »

Il dit « ouvert »
maintenant.

Il a dit : « ouvert. »

Maintenant il a la
bouche fermée.
Il ne dit rien.

ouvert [uvɛ:r]
il a dit [iladi]
rien [rjɛ̃]
dira [dira]

Voici trois livres.

Ils sont sur le rayon.

Ce livre est_entre les deux_autres livres.

Ces deux livres-là sont sur le rayon.

J'ai ce livre-ci à la main maintenant.
Il était sur le rayon.
Il était entre les deux_autres livres sur le rayon.

Voici les pages du livre.

Ce livre est_ouvert.

Voici les doigts de ma main.

Ce doigt-ci est_entre ces deux_autres doigts de ma main.

---

livre [liːvr]
deux autres [døzoːtr]
livres-là [liːvrla]

livre-ci [liːvrsi]
pages [paːʒ]

43

Mon nez est_entre mes yeux.	Ma bouche est sous mon nez.
Il est_entre mes_yeux et ma bouche.	Mon nez est_au-dessus de ma bouche.

La lumière est_au-dessus de la table.

Voici une pendule.

Elle est sur le mur.
Elle est_au-dessus des rayons de livres.

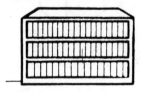

Le chien est sous la table.

Les rayons de livres sont sous la pendule.

---

sous [su]
est au-dessus [ɛtodsy]
lumière [lymjɛ:r]

chien [ʃjɛ̃]
rayons [rɛjɔ̃]

Voici les cheveux d'un homme.

Ils sont courts.

Voici les cheveux d'une femme.

Ils sont longs.

Voici la tête d'un homme.

Voici sa figure.
Ses_yeux, son nez, et sa bouche sont des parties de sa figure.

Voici ses_oreilles.

Où sont les_oreilles de la femme?

Elles sont sous ses cheveux.

Voici une pendule.

Elle a deux_aiguilles.

Voici la grande aiguille.

Voici la petite aiguille.

---

cheveux [ʃəvø] · courts [kur:t] · longs [lɔ̃] · ses oreilles [sezɔrɛ:j] · ses [se] · oreilles [ɔrɛ:j] · figure [figy:r] · parties [parti] · deux aiguilles [døzɛgɥij] · aiguilles [ɛgɥij] · grande aiguille [grɑ̃dɛgɥij] · petite aiguille [pətitɛgɥij]

Les deux aiguilles sont sur douze.
Il est midi.

Les deux aiguilles sont sur douze.
Il est minuit.

Où est la petite aiguille?
La petite aiguille est sur dix.
Où est la grande aiguille?
La grande aiguille est sur un.
Il est dix heures cinq. (10ʰ5)

La grande aiguille de la pendule
est entre un et deux.
Deux est entre un et trois.
Trois est après deux et deux
est après un.

J'ai ce livre à la main.
Il était sur le rayon avec
les autres livres.
Il était sur le rayon entre
les autres livres.

minuit [minyi]

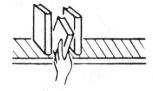
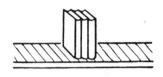

J'ai ce livre à la main.
Je l'ai à la main.
Je le mets entre les deux_autres livres.
Alors il sera entre les deux_autres livres.

Il est maintenant sur le rayon.
Je l'avais_à la main.
Je ne l'ai pas_à la main.
Où est_il?

Voici une salle.

Qu'est-ce que vous voyez dans la salle?
Est-ce que vous voyez le plancher et les trois murs de la salle? Est-ce que vous les voyez?
Est-ce que vous voyez une porte et deux fenêtres?

Est-ce qu'une des fenêtres est_ouverte?
Est-ce que l'autre fenêtre est fermée?
Est-ce que vous voyez deux chaises et les rayons de livres entre les chaises?
Est-ce que vous voyez la pendule au-dessus des rayons de livres?
Oui, je les vois. Ils sont dans la salle. La salle est dans_une maison.

---

l'ai [le]
mets [mɛ]
alors [alɔ:r]
l'avais [lavɛ]

vous voyez [vuvwaje]
murs [my:r]
les [le]

Voici une figure.
Les_yeux, le nez et la bouche
sont des parties de la figure.
Où sont les_yeux?
Où est le nez?
Où est la bouche?

Voici des mains.
Où est la main gauche?
Où est la main droite?
Où sont les pouces?
Où sont les doigts?

Voici un homme.
Où sont ses bras?
Où sont ses mains?
Où sont ses jambes?
Où sont ses pieds?

Voici sa tête.

Voici ses bras.

Voici ses jambes.

Voici ses pieds.

pouces [pus]

Voici une femme.

Voici sa tête.

Voici ses bras.

Voici ses jambes.

Voici ses pieds.

La tête, les bras, les jambes et les pieds sont des parties du corps.

Il a un corps.

Elle a un corps.

Les_hommes, les femmes, les garçons et les petites filles ont_un corps.

Le bébé a un corps.

Le chien a un corps.

Voici sa queue.

Il a quatre pattes, une tête et une queue.
Il n'a pas de bras.
Il n'a pas de mains, mais il a des pattes.
Sa tête, ses pattes et sa queue sont des parties de son corps.

Voici la tête d'un chien.
Ce n'est pas son corps.

Où sont ses_yeux?
Où sont ses_oreilles?
Où est son nez?

corps [kɔ:r]
ont [ɔ̃]
bébé [bebe]

queue [kø]
n' [n]
pattes [pat]

Voici un pied.

Voici les doigts.
Ce sont des parties du pied.

Voici un doigt
du pied.

Voici une jambe.

Voici le genou.

C'est‿une partie
de la jambe.

Nos jambes sont des parties de
notre corps.

Voici la tête d'un homme.

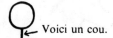

C'est‿une partie de notre corps.
Il est sous la tête.
La partie du corps qui est sous la
tête est le cou.

Voici le menton.
Il est sous la bouche.
C'est‿une partie de la figure.
La partie de la figure qui est
sous la bouche est le menton.

doigts [dwa]
genou [ʒənu]
nos [no]
notre [nɔtr]

qui [ki]
cou [ku]
menton [mãtɔ̃]

50

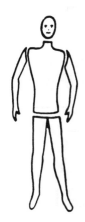

La tête, les bras et les jambes sont des parties du corps d'un homme.

Voici son cou.

Voici sa poitrine.

La partie qui est_entre les bras est la poitrine.

Cet_homme met le doigt sur le menton.

Ce bébé est_à genoux.

Ce bébé n'est pas_à genoux.

Ce bébé est debout.

Cet_homme met la main sur la poitrine.

 Ce bébé n'est pas debout.

poitrine [pwatrin]
à genoux [aʒənu]
doigt [dwa]

debout [dəbu]

OU EST LE CHIEN?

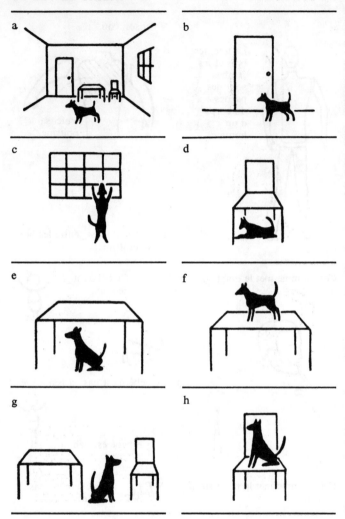

Les réponses à ces questions sont à la page 56.
56 = cinquante-six [sɛ̃kɑ̃tsis]

QU'EST-CE QUE VOUS VOYEZ?

a

b

c

d

e

f

g

h

Les réponses à ces questions sont à la page 56.

QU'EST-CE QU'IL DIT?

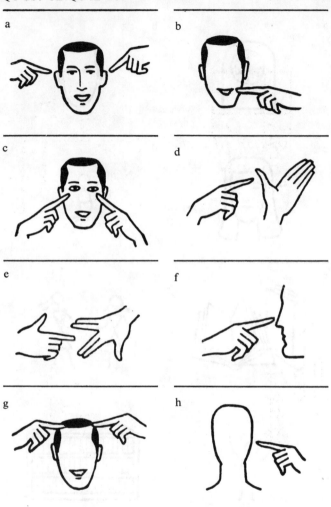

Les réponses à ces questions sont à la page 57.
57 = cinquante-sept [sɛ̃kɑ̃tsɛt]

QU'EST-CE QUE VOUS VOYEZ?

a

b

c

d

Les réponses à ces questions sont à la page 57.

Voici les réponses aux questions: pages 52, 53.

Page 52

a Le chien est dans_une salle.
b Il est_à la porte.
c Il est_à la fenêtre.
d Il est sous la chaise.
e Il est sous la table.
f Il est sur la table.
g Il est_entre la table et la chaise.
h Il est sur la chaise.

Page 53

a Je vois une pendule.
Il est quatre heures.
b Je vois la figure d'un homme.
c Je vois la figure d'une femme.
d Je vois un bébé.
Il est_à genoux.
e Je vois deux livres.
Un livre est_ouvert.
L'autre (livre) est fermé.
f Je vois deux petites filles.
L'une donne un livre à l'autre.
g Je vois un bébé.
Il est debout.
h Je vois des rayons de livres.
Je vois des livres sur les rayons.

---

52 = cinquante-deux [sɛ̃kɑ̃tdø]   fermé [fɛrme]
53 = cinquante-trois
[sɛ̃kɑ̃ttrwa]

Voici les réponses aux questions: pages 54, 55.

Page 54

a Il dit: « Voici mes‿oreilles. »
b Il dit: « Voici ma bouche. »
c Il dit: « Voici mes‿yeux. »
d Il dit: « Voici mon pouce. »
e Il dit: « Ce doigt-ci est‿entre ces‿autres doigts. »
f Il dit: « Voici mon nez. »
g Il dit: « Ce sont mes cheveux. »
h Il dit: « Voici ma tête. »

Page 55

a Je vois un garçon et une petite fille. Ils sont‿à la fenêtre.
b Je vois une pendule sur une table.
c Je vois une salle. Il y a deux chaises dans la salle. Il y a deux fenêtres et une porte dans la salle. Une fenêtre est‿ouverte. L'autre fenêtre est fermée. La porte de la salle est‿ouverte. Il y a un tableau sur le mur.
d Je vois un homme. Il a un doigt sous le menton. Il a un œil ouvert. Il a l'autre œil fermé. Il a la bouche fermée. Il n'a pas de cheveux sur la tête.

---

54 = cinquante-quatre [sɛ̆kɑ̃tkatr]

55 = cinquante cinq [sɛ̆kɑ̃tsɛ̆k]

Qui est-ce?
C'est Jean Duval.
Son nom est Jean Duval.
Où est Jean Duval?
Il est à la porte de sa maison.

Il met la main dans sa poche.

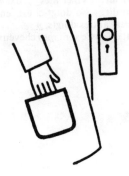

Il a une clef à la main.

Voici une clef.

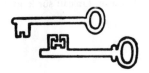

Sa clef était dans sa poche.

Voici deux autres clefs.

qui est-ce? [kiɛs]
Jean Duval [ʒɑ̃dyval]
nom [nɔ̃]

poche [pɔʃ]
clef [kle]

Il mettra la clef dans la serrure. Il met la clef dans la serrure.

Il tourne la clef.

Il pousse la porte.
La porte est_ouverte
maintenant.

serrure [sɛry:r]
il tourne [ilturn]

il pousse [ilpus]

Jean a enlevé la clef de la serrure.
Il la met dans sa poche.
Il entrera dans la maison.

Il entre dans la maison.

Il est entré dans la maison.
Il est dans la maison.
La porte est fermée.

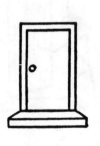

Voici une salle dans la maison.
Jean n'est pas dans la salle maintenant.
Il entrera dans la salle.

Il viendra par cette porte.

il entrera [ilɑ̃trəra]
il entre [ilɑ̃:tr]
il est entré [ilɛtɑ̃tre]

il viendra [ilvjɛ̃dra]
par [par]

Il entre dans la salle.
Il vient par la porte ouverte.
Il ira à la table.

Monsieur Duval est_entré dans la salle.

Il est_allé à la table.
Il tient son chapeau à la main.

Il mettra son chapeau sur la table.

Monsieur Duval est venu par la porte ouverte.

Elle est dans la maison, mais elle n'est pas dans la salle.
Elle est dans_une autre salle de la maison.

Est-ce que Madame Duval est dans la salle?
Non, elle n'est pas_encore venue.

Qui est-ce?
C'est Marie Duval.
C'est Madame Duval.
Son nom est Marie Duval.

il vient [ilvjɛ̃]
il ira [ilira]
Monsieur [məsjø]
il tient [iltjɛ̃]
venu [vəny]

Madame [madam]
pas encore [pazɑ̃kɔ:r]
venue [vəny]
Marie [mari]

Cette salle a deux portes.
Voici une des portes de la salle.

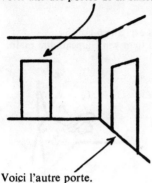

Voici l'autre porte.

Voici une des fenêtres de la salle.

Voici une autre fenêtre.

Et voici encore une fenêtre.

Une fenêtre est_ouverte.
Les_autres fenêtres sont fermées.

Voici une de mes mains.
C'est ma main gauche.

Voici l'autre main.
C'est ma main droite.

Voici un de mes doigts.

Voici mon pouce gauche.
Voici les_autres doigts de ma main gauche.

fermées [fɛrme]

Madame Duval était dans la salle, mais elle n'est pas dans la salle maintenant. Elle est sortie de la salle.

Monsieur Duval est dans la salle. Il est_entré dans la salle.

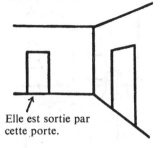

Elle est sortie par cette porte.

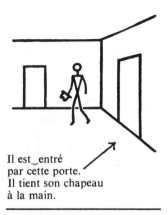

Il est_entré par cette porte. Il tient son chapeau à la main.

Monsieur Duval met son chapeau sur la table.

Il a mis son chapeau sur la table.

Il sortira de la salle par cette porte.

Le chapeau est sur la table maintenant.

Monsieur Duval est sorti de la salle par cette porte.

sortie [sɔrti]
sortira [sɔrtira]

sorti [sɔrti]

Marie entre dans la salle.	Le chapeau est sur la table. Elle va à la table.

Elle verra le chapeau.	Elle le voit.

elle verra [ɛlvɛra]

Elle l'a vu.
Quand est-ce qu'elle
l'a vu?

Elle l'a vu quand_elle
est_entrée dans la salle.

Qu'est-ce que
c'est?

Ah! C'est le chapeau
de Jean!

Qu'est-ce que c'est?
C'est le chapeau
de Jean.

vu [vy]
quand [kɑ̃]
quand elle [kɑ̃tɛl]

entrée [ɑ̃tre]
ah! [ɑ]

Elle prendra le chapeau.

Elle le prend.

Elle l'a pris.
Elle sort de la salle.

Elle est sortie de la salle, le chapeau de Jean à la main.

Elle a le chapeau à la main.

prendra [prɑ̃dra]
prend [prɑ̃]

pris [pri]
sort [sɔːr]

Elle est dans_une autre salle maintenant.

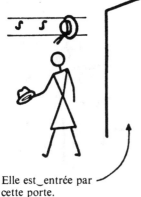

Elle est_entrée par cette porte.

Elle mettra le chapeau de Jean sur un crochet.

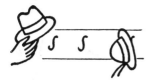

Elle le mettra sur un crochet avec l'autre chapeau.

crochets [krɔʃɛ]

Qu'est-ce que c'est?
Ce sont des crochets.

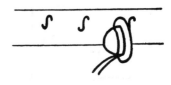

Voilà un autre chapeau.
Il est sur un crochet.

Elle l'a mis sur le crochet.

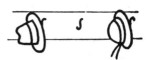

Maintenant il est_avec l'autre chapeau.
L'autre chapeau est_un des chapeaux de Marie.

Jean entre dans la salle de nouveau.
Il vient par la porte ouverte.

Il est_entré dans la salle.
Il va à la table.

Il y est maintenant.

Le chapeau n'est pas sur la table.

Il dit:

Où est mon chapeau?
Je l'ai mis sur la table.

de nouveau [dənuvo]

y [i]

Voici Marie.
Elle entre dans la salle.
Elle dit: « Me voici. »

accroché [akrɔʃe]

Jean dit : « Je prendrai mon chapeau. »

Il le prend.

Est-ce qu'il l'a pris ?
Oui, il l'a pris.

Il est sorti de la salle.

prendrai [prãdre]

Quand il a vu le chapeau il l'a enlevé du crochet.

Il est entré dans la salle de nouveau, le chapeau à la main. Il l'a pris.

Il donne le chapeau à Marie.

Voyez ce qui est dans le chapeau, Marie!

de nouveau [dənuvo]

Qu'est-ce qu'il y a dans le chapeau?
Marie verra ce qui est dans le chapeau.

Qu'est-ce qu'elle enlève du chapeau?

Qu'est-ce qu'elle tient à la main?
C'est_un billet.
C'est de l'argent.

Elle voit un billet.

qu'est-ce qu'il [kɛskil]
billet [bijɛ]

argent [arʒɑ̃]

Qu'est-ce qu'elle voit?
Elle voit un billet de cent francs.

Où était le chapeau?
Il était sur la table.

Elle a le billet à la main.
Il était dans le chapeau.

Qu'est-ce qu'elle a vu?
Elle a vu le chapeau.
Elle n'a pas vu le billet.

Elle a mis le chapeau dans
l'autre salle.
Jean y est_allé le prendre.

Est-ce qu'elle voit le billet
maintenant?
Oui, elle le voit.

Qui l'a pris?
Jean l'a pris.

---

cent [sã]
francs [frã]

prendre [prã:dr]
oh ! [o]

J'étais dans la rue.

Le vent a enlevé mon chapeau.

Mon chapeau était dans la rue.

Quand je l'ai soulevé, l'argent y était.

---

j'étais [ʒetɛ]
vent [vɑ̃]

soulevé [sulve]

L'argent était sous le chapeau.

Le chapeau était sur le billet.

Le vent a soulevé mon chapeau.
Il est_en l'air.

Il était_en l'air.
Il est par terre maintenant.

Il est sur le billet.
Le billet est sous le chapeau.

---

est en [εtɑ̃]
en [ɑ̃]

air [ε:r]
terre [tε:r]

Qu'est-ce que Jean fait?
Jean prend la bouteille.
La bouteille est sur le rayon.

C'est‿une bouteille de vin.

Il tire le bouchon.

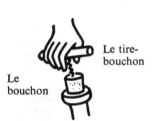

Le bouchon
Le tire-bouchon

Il a tiré le bouchon
avec un tire-bouchon.

fait [fɛ]
vin [vɛ̃]
tirera [tirəra]
bouchon [buʃɔ̃]

Il a pris la bouteille de vin sur le rayon.

Il tirera le bouchon avec un tire-bouchon.

Il met le vin dans des verres à vin.
Il y a du vin dans‿un des verres.

Il n'y a pas de vin dans l'autre verre.

tire-bouchon [tirbuʃɔ̃]
tire [ti:r]
tiré [tire]

Marie tient un plateau.
Sur le plateau il y a
deux_assiettes de soupe.

Jean mettra les chaises près de la table.

Marie est_assise sur sa chaise à table.
Elle n'est pas debout.

Jean est_assis maintenant.
Il n'est pas debout.

Jean est debout.

Ils sont_à table.

plateau [plato]
deux assiettes [døzasjɛt]
assiettes [asjɛt]
soupe [sup]
près [prɛ]

est assise [ɛtasi:z]
assise [asi:z]
est assis [ɛtasi]
assis [asi]

Ils prennent leur verre.

Jean a son verre à la main.

Maintenant ils_ont leur verre à la main.

Marie a son verre à la main.

Ils prennent leur vin.

Maintenant ils prennent leur soupe.
Ils_ont leur cuillère à la main.

Ils_ont leur verre à la main.

Ils_avaient leur verre à la main.

---

prennent [prɛn]
leur [lœ:r]
ils ont [ilzɔ̃]

cuillère [kɥijɛ:r]
ils avaient [ilzavɛ]
avaient [avɛ]

---

achèterons [aʃɛtrɔ̃]
achèterez [aʃɛtre]
j'achèterai [ʒaʃɛtre]
achèterai [aʃɛtre]

robe [rɔb]
neuve [nœ:v]
vieille [vjɛ:j]
pipe [pip]

Marie achète la robe neuve. Elle est dans un magasin. L'autre femme tient deux robes à la main.

Voici le magasin.

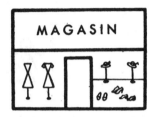

Il y a des robes et des chapeaux et des souliers dans le magasin.

Voici des souliers. Ce sont des souliers de femme.

Voici des gants.

Un bas   Un bas

Voici des bas.

Les robes et les bas et les souliers et les gants sont des vêtements de femme.

achète [aʃɛ:t]
magasin [magazɛ̃]
robes [rɔb]
souliers [sulje]

bas [bɑ]
gants [gã]
vêtements [vɛtmã]

La pomme est sur
la branche de
l'arbre.

Elle a levé la
main. Elle a pris
la pomme. Elle
tient la pomme
à la main. Elle a
pris la pomme
qu'elle tient à
la main. Elle la
tient maintenant
à la main. Elle
la met dans
son panier.

Elle est‿au-dessus de la tête de
la petite fille.
Elle prendra la pomme qui est
sur la branche.
Elle la prendra là-haut.

Elle a mis la pomme dans son
panier. Elle la tenait à la main
avant de la mettre dans le panier.

Elle a pris la pomme. Avant de
prendre la pomme elle a levé la
main. La pomme était là-haut
sur la branche de l'arbre.
Maintenant elle est dans le
panier qui est par terre.

---

pomme [pɔm]
branche [brã:ʃ]
arbre [arbr]
là-haut [lao]
levé [ləve]

qu'elle [kɛl]
panier [panje]
tenait [tənɛ]
avant [avã]
mettre [mɛtr]

Quand est-ce que la pomme était sur la branche?

Quand est-ce qu'elle a pris la pomme?

Elle était sur la branche quand_elle était au-dessus de la tête de la petite fille. Elle était sur la branche avant d'être dans le panier. Alors elle était sur la branche.

Elle l'a prise après_avoir levé la main. Alors elle l'a prise.

Quand est-ce qu'elle a mis la pomme dans le panier?

Quand est-ce qu'elle avait la pomme à la main?

Après_avoir pris la pomme elle l'a mise dans le panier.

Après_avoir pris la pomme et avant de la mettre dans le panier elle l'avait_à la main.

être [εtr]
prise [pri:z]

avoir [avwa:r]
mise [mi:z]

Voici une boîte.

Voici une maison.

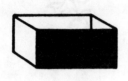

Voici le devant de la maison.

Voici la porte de devant. C'est la porte d'entrée.

Voici le devant de la boîte.

Voici un veston.

Voici les côtés de la boîte.

Voici le devant du veston.

boîte [bwat]
devant [dəvã]
entrée [ãtre]

côtés [kote]
veston [vɛstɔ̃]

Voici les manches du veston.   Voici le col du veston.

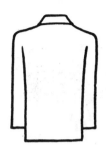

On met les bras dans les manches.   Voici le dos du veston.

Voici des pantalons.

Les pantalons, les chaussettes, les chemises et les souliers d'homme sont des vêtements d'homme.

Voici des chaussettes.

Voici une chemise.

 Voici des souliers d'homme.

Voici des vêtements d'homme.

manches [mɑ̃:ʃ]
col [kɔl]
dos [do]
pantalons [pɑ̃talɔ̃]

chaussettes [ʃosɛt]
chemise [ʃəmi:z]
chemises [ʃəmi:z]

Qui est-ce?
C'est Madame Duval.
C'est Marie Duval.
« Marie Duval » est son nom.

Qu'est-ce que c'est?
Qu'est-ce qu'elle tient à deux mains?
C'est_un plateau.

Elle tient un plateau à deux mains.

Elle porte le plateau vers la table.
Elle le mettra sur la table.

Elle a porté le plateau à la table.
Elle le met sur la table maintenant.

elle porte [ɛlpɔrt]
vers [vɛːr]

porté [pɔrte]

Elle a mis le plateau sur la table.
Elle le tenait à deux mains.

Voici le plateau.

Il est sur la table maintenant.

Qu'est-ce qu'il y a sur le plateau?

Voici des verres.

Qu'est-ce que c'est?
Ce sont des
cuillères.

Qu'est-ce que c'est?
Ce sont des
fourchettes.

Qu'est-ce que c'est?
C'est_une autre
cuillère.

Qu'est-ce que c'est?
C'est_un
couteau.

Qu'est-ce que c'est?
C'est_une
assiette.

Qu'est-ce que c'est?
Ce sont
deux_autres
couteaux.

Voici
trois_autres_assiettes.

fourchettes [furʃɛt]
couteau [kuto]
couteaux [kuto]

cuillères [kɥijɛːr]
assiette [asjɛt]

Madame Duval enlève un couteau et une fourchette du plateau. Elle les tient à la main.

Elle les met sur la table.

Maintenant elle met les assiettes sur la table.

Elle a mis les couteaux et les fourchettes et les cuillères et les assiettes et les verres sur la table.

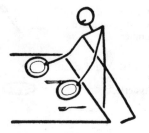

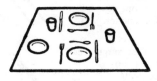

Elle a mis la table.

fourchette [furʃɛt]

Marie Duval ira de la table à la porte.

Elle va à la porte.
La porte est fermée.

Elle est sortie de la salle.
La porte est ouverte maintenant.
Elle était fermée.

Marie Duval n'est pas dans la salle.
Elle était dans la salle.
Elle est sortie de la salle.

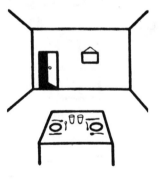

Qu'est-ce que c'est?

C'est_un couteau.

Qu'est-ce que c'est?

Qu'est-ce que c'est?

Et ceci?

Qu'est-ce que c'est?

Qu'est-ce que c'est?

Et ceci?

Qu'est-ce que c'est?

Et ceci?

Qu'est-ce que c'est?

Et ceci?

Qu'est-ce que c'est?

Qu'est-ce que c'est?

Quelles sont ces choses?

quelles [kɛl]

Marie fait la soupe.

Voici une assiette de soupe.

Elle fait la soupe avec du lait et des pommes de terre.

Les vaches sont des_animaux.
Voici d'autres_animaux.

un cochon

un mouton

un cheval

Voici des pommes de terre.

Voici une bouteille de lait.
C'est du lait
de vache.

Voici une vache.

Une vache est_un animal.

Les vaches donnent le lait. Marie met du lait dans_une tasse.

---

lait [lɛ] · pommes de terre [pɔmdətɛːr] · vache [vaʃ] · animal [animal] · vaches [vaʃ] · animaux [animo] · cochon [kɔʃɔ̃] · mouton [mutɔ̃] · cheval [ʃəval] · donnent [dɔn] · tasse [tas]

Marie tient une pomme de terre à la main.

Elle enlève la pelure avec un couteau.

Voici une plante.
Voici une fleur.
Voici des feuilles.
Voici des fruits.
Voici une branche.
Voici une tige.
Voici des racines.

Les pommes de terre sont des légumes.

Les voici dans la terre.
Voici une fourche.
On enlève les pommes de terre de la terre avec une fourche.

Voici trois légumes et une racine.
Ces légumes sont aussi des racines.

pelure [pəly:r] · légumes [legym] · fourche [furʃ] · plante [plã:t] · fleur [flœ:r] · feuilles [fœ:j] · fruits [frɥi] · tige [ti:ʒ] · racines [rasin] · racine [rasin] · aussi [osi]

Marie fait la soupe.

Voici la casserole.

Voici le couvercle de la casserole.

Elle fera la soupe dans cette casserole.

Elle a mis les pommes de terre dans la casserole. L'eau dans la casserole est bouillante.

Voici la vapeur.

Voici une flamme.

La casserole est_au-dessus de la flamme.
La flamme est sous la casserole.

---

casserole [kasrɔl]
couvercle [kuvɛrkl]
fera [fəra]

bouillante [bujã:t]
vapeur [vapœ:r]
flamme [flam]

Cette eau est
bouillante.
La vapeur sort
de l'eau
bouillante.

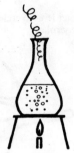

La chaleur de la flamme fait
sortir la vapeur de l'eau
bouillante.

La glace est_un solide.

Voici de la glace.

L'eau est_un liquide.
Voici de l'eau.

Voici un tiroir à glace.

La flamme est dans la salle. La
flamme donne de la chaleur. Il
fait chaud dans la salle.

La glace
est froide.

(CENTIGRADE)

(CENTIGRADE)

chaleur [ʃalœːr]
sortir [sɔrtiːr]
glace [glas]
solide [sɔlid]

liquide [likid]
tiroir à glace [tirwaraglas]
froide [frwad]
chaud [ʃo]

Voici un oiseau.
Il est sur un arbre.

Voici un avion.
Il est_en l'air.

Voici des_avions.

Les_autres_oiseaux
ne sont pas
sur l'arbre.
Ils sont_en l'air.

On prend l'air par la bouche et
par le nez.

L'air sort.
Il est chaud.
Quand_il sort
il est chaud.

L'air entre; il sort:
c'est_une respiration.

Mettez la main ici.
Votre souffle
est chaud.

avion [avjɔ̃]
avions [avjɔ̃]
respiration [rɛspirasjɔ̃]

mettez [mɛte]
ici [isi]
souffle [sufl]

Il fait chaud dans la salle. L'eau dans la casserole est très chaude. Elle est bouillante.

L'air au-dessus de la flamme est très chaud. Il monte.

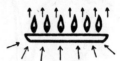

L'air sous la flamme n'est pas très chaud.
Il monte vers la flamme.

Voici une glacière.
Elle fait de la glace.
Il fait froid dans la glacière.

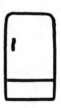

Voici la glacière.

Marie met le lait dans la glacière.

Voici du lait. Voici des œufs.

Voici des tiroirs à glace.

Il fait froid dans la glacière.
Le lait est froid.

très [trɛ]
chaude [ʃo:d]
il monte [ilmɔ̃t]
glacière [glasjɛ:r]

froid [frwa]
des œufs [dezø]
œufs [ø]
tiroirs à glace [tirwarzaglas]

Voici une pendule.

Une pendule est un instrument pour mesurer le temps.

Voici un instrument pour mesurer la chaleur.

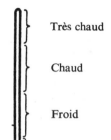

Très chaud

Chaud

Froid

Très froid

Voici une mesure.
C'est un mètre.

Il y a cent (100) centimètres dans un mètre.

Voici le pied de Marie.

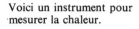

Voici ses pieds.

Voici le pied de Jean.

Il est long de vingt-cinq (25) centimètres.

---

instrument [ɛ̃strymɑ̃]
pour [pur]
mesurer [məzyre]
temps [tɑ̃]
mesure [məzy:r]

mètre [mɛ:tr]
centimètres [sɑ̃timɛ:tr]
long [lɔ̃]
vingt-cinq [vɛ̃tsɛ̃k]

Les côtés de la glacière
sont épais.

Ici   Ici
l'air   l'air
est   est
chaud.   chaud.

Ici l'air est froid.

Voici une
ligne mince.

———————

Voici une
ligne épaisse.

La chaleur de la salle n'entre
pas dans la glacière.
Le lait est bon parce qu'il fait
froid dans la glacière.

Jean tient un verre à la main.
Il prend son lait.

Le lait n'est pas bon.
Il est mauvais.

Le lait est bon.
Jean est content.

Jean n'est pas content.

épais [epɛ]
ligne [liɲ]
mince [mɛ̃:s]
épaisse [epɛs]

bon [bɔ̃]
parce qu'il [parskil]
content [kɔ̃tɑ̃]
mauvais [movɛ]

Voici de la viande.

Voici du pain.

Marie met la viande dans la glacière.
La viande est bonne parce qu'il fait froid dans la glacière.

Marie ne met pas le pain dans la glacière.

Voici du fromage.

Voici du beurre.

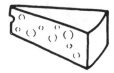

On fait le fromage avec du lait. Les vaches donnent le lait.

On fait le beurre avec du lait. Marie met le beurre avec le lait dans la glacière. Elle y met le fromage aussi.

viande [vjɑ̃:d]
bonne [bɔn]
pain [pɛ̃]

fromage [frɔma:ʒ]
beurre [bœ:r]
aussi [osi]

Voici des pommes.

Voici des_oranges.

Les pommes et les_oranges sont des fruits.
Est-ce que Marie met les fruits dans la glacière?

Quelle heure est_-il?

Il est cinq_heures et demie (5ʰ30).
Marie fait la soupe.
Les pommes de terre sont dans la casserole.
L'eau dans la casserole est bouillante.

---

pommes [pɔm]
des oranges [dezɔrɑ̃:ʒ]
oranges [ɔrɑ̃:ʒ]

Quelle heure est_-il?

Il est cinq_heures.
Marie va faire la soupe.

Il est cinq_heures quarante (5ʰ40).

Marie tient une fourchette à la main.

---

faire [fɛ:r]
demie [dəmi]
quarante [karɑ̃:t]

Les pommes de terre sont dures.
La fourchette n'y entre pas.

Il est cinq_heures cinquante (5h50).
Marie met la fourchette dans les pommes de terre.

Les pommes de terre sont tendres.
La fourchette y entre.

Elle les_enlève de la casserole et les met sur une assiette.

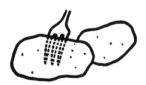

dures [dy:r]
cinquante [sɛ̃kɑ̃:t]

tendres [tɑ̃:dr]

Les pommes de terre sont sur l'assiette.

Marie fait‿une purée de pommes de terre.
Elle y mettra du lait et du beurre.

Elles‿étaient dans la casserole.
Elles‿étaient dures.
Elles sont tendres maintenant.

Les pommes de terre ne sont pas dures maintenant. Elles sont tendres.

Le pain est mou et tendre.

Le verre est dur.

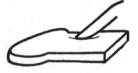

La viande est molle et tendre.

Le beurre est mou.

purée [pyre]
mou [mu]
tendre [tã:dr]

molle [mɔl]
dur [dy:r]

Jean tient un morceau de fromage entre les doigts. Où sont ses doigts?

Voici ses mains.

Maintenant il est entre ses dents.

Voici sa bouche.

Voici une dent.

Voici ses dents.

morceau [mɔrso]
dent [dã]

Il met le morceau de fromage dans sa bouche.

Ce fromage n'est pas mou.

Il est dur.

Les dents de Jean n'entrent pas dans le fromage.

dents [dã]

Marie a mis les pommes de terre et le lait dans la casserole.

Elle a mis la casserole sur une flamme basse.
Elle a mis le couvercle sur la casserole.

Voici du sel.

La flamme basse est sous la casserole.

Cette flamme est basse.

Cette flamme est haute.

Ces maisons sont hautes.

Cette maison est basse.

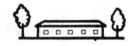

sel [sɛl]
basse [bɑ:s]

haute [*o:t]
hautes [*o:t]

Quelle heure est-il?
Il est six_heures.

Marie goûte la soupe.
La soupe a bon goût.
La soupe est prête.

Elle a fait la soupe.
Elle l'a mise dans les_assiettes.

Elle les_a mises sur la table.

Maintenant elle met la soupe
dans les_assiettes.

Elle était dans la casserole.

Maintenant elle est dans
les_assiettes.

Les_assiettes sont sur la table.

La soupe est prête.
C'est_une bonne soupe.
Marie l'a faite.

---

goûte [gut]
goût [gu]
prête [prɛ:t]

fait [fɛ]
mises [mi:z]
faite [fɛ:t]

La soupe, le pain, les pommes

le fromage, la viande, le beurre,

les pommes les_oranges,
de terre,
                          le lait,

sont de la nourriture.
Ce sont des genres différents de nourriture.

Une pomme

Une orange

Les pommes et les_oranges sont des genres différents de fruit.

Voici des genres différents de verres.

Voici des genres différents de boîtes.

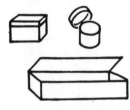

Les verres et les boîtes et les doigts et les robes et les flammes sont des choses. Ce sont des genres différents de choses.

---

nourriture [nurity:r]
genres [ʒã:r]
différents [diferã]

orange [ɔrã:ʒ]
fruit [frɥi]
flammes [flam]

Les vaches

et les moutons

et les cochons

et les chevaux

et les chèvres

sont des_animaux.
Ce sont des genres différents
d'animaux.

Voici des genres différents de
plantes.

Voici la feuille
d'un genre de
plantes.

Voici la feuille
d'un autre genre
de plantes.

Ces paniers sont pareils.

Ceux-ci ne sont pas pareils.
Ils sont différents.

Ceux-ci sont pareils.

Ceux-ci sont différents.

Ces_assiettes sont pareilles.

Celles-ci sont différentes.

Ces verres sont pareils.

Ceux-ci sont différents.

---

moutons [mutõ] · cochons [kɔʃõ] · chevaux [ʃəvo] · chèvres [ʃɛ:vr] ·
plantes [plã:t] · feuille [fœ:j] · paniers [panje] · pareils [parɛ:j] ·
ceux-ci [søsi] · pareilles [parɛ:j] · différentes [diferã:t]

Voici une femme et un petit garçon.	Voici une femme et une petite fille.

Le petit garçon est le fils de la femme. Elle est sa mère. Il est son fils.	La petite fille est la fille de la femme. La femme est sa mère.
Voici un homme et son fils.	Voici un homme et sa fille.

L'homme est le père du petit garçon. Il est le père du petit garçon.	Il est le père de la petite fille. Il est son père. Elle est sa fille.

petit [pəti]
fils [fis]
mère [mɛ:r]

petite [pətit]
fille [fi:j]
père [pɛ:r]

Le petit garçon est le frère de la petite fille.

La petite fille est la sœur du petit garçon.
Elle est la sœur du petit garçon.
Elle est sa sœur.

Il est le frère de la petite fille.
Il est son frère.

Voici une jeune fille et deux petites filles.
La jeune fille est

la sœur

des petites filles.

Cet_homme et cette femme ont

deux fils

et trois filles.

Ils sont sept
dans la famille.

frère [frɛ:r]
sœur [sœ:r]
jeune [ʒœn]
petites [pətit]

filles [fi:j]
fils [fis]
famille [fami:j]

Voici Madame Duval, sa fille Jeanne, et son fils Pierre.

La soupe aux pommes de terre est_épaisse.
Ce n'est pas_une soupe claire.
Ce sont deux genres différents de soupe.

Ils sont_à table.
Ils prennent leur soupe aux pommes de terre.

Cette eau est claire.
Elle est transparente.
Quand_un liquide est transparent nous voyons à travers.

L'air est transparent.
Je vois les montagnes.
Quand l'air n'est pas clair je ne les vois pas.

Le lait n'est pas_un liquide transparent.
Nous ne voyons pas_à travers.

Jeanne [ʒan]
Pierre [pjɛ:r]
claire [klɛ:r]
transparente [trãsparã:t]
transparent [trãsparã]

voyons [vwajɔ̃]
à travers [atravɛ:r]
montagnes [mɔ̃taɲ]
clair [klɛ:r]

Cette soupe est transparente.
On voit la cuillère à travers.

Qui est-ce?

La soupe aux pommes de terre
est_une soupe épaisse. On ne
voit pas la cuillère à travers cette
soupe.

C'est Marie Duval.
Elle a fait la soupe.
C'est Marie qui a fait la soupe.

Voici la soupe.
Marie l'a faite.
Voici la soupe que Marie a faite.

Voici
le lait.
Le lait est blanc.
Maintenant la soupe
est blanche.

---

que [kə]
blanc [blã]

blanche [blã:ʃ]

Voici une cuillère.
Je la tiens à la main.
Voici la cuillère que je tiens à la main.

Voici un verre d'eau.
Il est sur la table.
Voici un verre d'eau qui est sur la table.

Voici un os.
Le chien l'avait_à la bouche.
Voici l'os que le chien avait_à la bouche.

Voici un chien.
Il avait_un os.

Voici le chien qui avait l'os.

tiens [tiɛ̃]

os [ɔs]

VOICI DES QUESTIONS

a Quelle heure est-il?

b Qu'est-ce que c'est?

c Qu'est-ce que c'est?

d Qu'est-ce que c'est?

e Qu'est-ce que c'est?

f Et ceci?

g Qu'est-ce que c'est?

h Et ceci?

116 = cent seize [sɑ̃sɛːz]   Les réponses sont_à la page 116.

VOICI DES QUESTIONS

a Qu'est-ce que c'est?

b Et ceci?

c Qu'est-ce que c'est?

d Et ceci?

e Qu'est-ce que c'est?

f Et ceci?

g Qu'est-ce que c'est?

h Et ceci?

116 = cent seize [sɑsɛːz]

Les réponses sont_à la page 116.

VOICI DES QUESTIONS

a Voici une famille.

Qu'est-ce que vous voyez?

b Voici une plante.

Quelles parties de la plante est-ce que vous voyez?

c Voici une glacière.

Qu'est-ce que vous voyez dans la glacière?

d Voici un chien.

Quelles parties du corps du chien est-ce que vous voyez?

e Qu'est-ce que vous voyez?

f Qu'est-ce que vous voyez?

g Qu'est-ce que vous voyez?

h Qu'est-ce que vous voyez?

Les réponses sont à la page 116.

Voici les réponses aux questions: pages 113-115.

Page 113

a Il est quatre heures quarante deux (4ʰ42).
b Ce sont des pommes.
c C'est_une casserole.
d Ce sont des feuilles.
e Ce sont des racines.
f C'est_une bouteille de lait.
g C'est du beurre.
h C'est du pain.

Page 114

a C'est du fromage.
b C'est_une tasse.
c Ce sont des flammes.
d C'est_un cheval.
e C'est_une haute maison.
f C'est_une boîte et son couvercle.
g C'est_un cochon.
h C'est_un mouton.

Page 115

a Je vois un père et une mère et leur fils et leur fille.
b Je vois les racines et la tige et la fleur.
c Je vois une bouteille de lait et quatre œufs et deux légumes.
d Je vois sa tête et ses_oreilles et son nez, ses pattes et sa queue.
e Je vois un os. Il est sur le plancher. Et je vois le pied d'une table.
f Je vois deux verres à vin. Il y a du vin dans_un des verres.
g Je vois une femme. Elle tient sa cuillère à la main. Elle goûte la soupe.
h Je vois un homme. Il tient un verre à la main. Il porte son verre à la bouche.

VOICI DES QUESTIONS

a Où sont ces femmes?

Qu'est-ce que cette femme tient à la main?

b Est-ce que ce sont des vêtements d'homme?

Quels sont ces vêtements?

c Qu'est-ce que cette petite fille fait?

Où est la pomme?

d Où est-ce qu'elle mettra la pomme?

(Voyez pages 82-83)

e Quel genre de soupe est-ce que Marie fait?

f Quel genre d'animal donne le lait?

g Quels fruits est-ce que vous prenez?

h Quelles personnes est-ce qu'il y a dans votre famille?

Les réponses sont à la page 120.

---

quels [kɛl]
82 = quatre-vingt-deux [katrvɛ̃dø]
83 = quatre-vingt-trois [katrvɛ̃trwa]

quel [kɛl]
genre [ʒɑ̃:r]
prenez [prəne]
120 = cent vingt [sɑ̃vɛ̃]

VOICI DES QUESTIONS

a Voici un verre de lait. Est-ce qu'il est transparent? Est-ce que vous voyez à travers le lait?

b Est-ce que le verre de cette fenêtre est clair? Qu'est-ce que vous voyez par la fenêtre?

c Est-ce que le verre est dur?
e Est-ce que la glace est chaude?

d Est-ce que la viande est molle?
f Est-ce que les flammes sont froides?

g Qu'est-ce qu'il fait?

h Qu'est-ce qu'elle fait?

froides [frwad]

Les réponses sont à la page 121.
121 = cent vingt-et-un
[sãvɛ̃teœ̃]

118

VOICI DES QUESTIONS

a Qu'est-ce que vous voyez?

b Qu'est-ce qu'il fait?

c Qu'est-ce qu'ils font?

d Qu'est-ce que c'est?

e Qu'est-ce que Marie met dans la glacière?

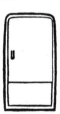

f Qu'est-ce que vous voyez dans votre maison?

font [fɔ̃]

Les réponses sont à la page 121.

Voici les réponses aux questions: page 117.

---

a Elles sont dans le magasin. Elle tient deux robes à la main.

b Non, ce ne sont pas des vêtements d'homme. Ce sont des souliers et des bas et des gants.

c La petite fille lève la main. Elle prendra la pomme. Elle est sur la branche d'un arbre.

d Elle la mettra dans son panier.

e Marie fait la soupe aux pommes de terre.

f La vache donne le lait.

g Je prends des_oranges et des pommes.

h J'ai un père
   une mère
   des frères
   des sœurs
   dans ma famille.

---

117 = cent dix-sept [sãdisɛt]
lève [lɛ:v]
prends [prã]

frères [frɛ̧:r]
sœurs [sœ̈:r]

Voici les réponses aux questions: pages 118, 119.

Page 118

a Non, il n'est pas transparent. Non, je ne vois pas_à travers le lait.

b Oui, le verre de la fenêtre est clair. Je vois des montagnes et une maison.

c Oui, le verre est dur.

d Oui, la viande est molle.

e Non, la glace est froide.

f Non, les flammes ne sont pas froides.

g Il tire le bouchon avec un tire-bouchon.

h Elle met du sel dans la soupe aux pommes de terre.

Page 119

a Je vois un homme. Il est dans la rue. Son chapeau est_en l'air. Le vent l'a enlevé de sa tête.

b Il met son chapeau sur la tête.

c Ils sont_assis à table. Ils_ont leur verre à la main. Ils prennent leur vin.

d Une des deux choses est_un instrument pour mesurer le temps. L'autre est_un instrument pour mesurer la chaleur.

e Marie met le lait, le beurre, le **fromage, les_œufs, la viande,** et les fruits dans la glacière.

f Je vois des salles, des portes, des fenêtres, des tables, des chaises, des boîtes, des couteaux, des cuillères et des rayons.

---

118 = cent dix-huit [sɑ̃dizyit]   salles [sal]
119 = cent dix-neuf [sɑ̃diznœf]

Voici une chambre.
Il y a deux lits dans la chambre.

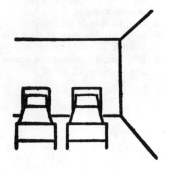

Cette chaise est près du lit.

Qu'est-ce qu'il y a sur la chaise?
Il y a un sac sur la chaise.

Une femme est près du lit.
Qui est-ce?
C'est Madame Duval.

chambre [ʃã:br]
lits [li]

lit [li]
sac [sak]

Qu'est-ce qu'elle fait?
Elle met des choses dans le sac.

Qu'est-ce qu'elle met dans le sac? Elle y met des vêtements de Monsieur Duval.

Monsieur Duval va à Marseille.
Monsieur et Madame Duval sont_à Paris.

Il prendra le train.
Voici un train.
C'est_un long voyage de Paris à Marseille.

Marseille [marsɛ:j]
Paris [pari]

train [trɛ̃]
voyage [vwaja:ʒ]

Qu'est-ce qu'il mettra dans son sac?
Qu'est-ce qu'il emportera à Marseille?
Il emportera des chemises.

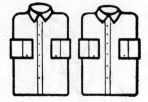

Il emportera des chaussettes.

Il n'emportera pas ses vieilles chaussettes.
Les vieilles chaussettes ont des trous.

Il emportera des chaussettes neuves.
Les chaussettes neuves n'ont pas de trous.

Ces pantalons ont_un trou.
Ce sont de vieux pantalons.

---

emportera [ɑ̃pɔrtra]
vieilles [vjɛ:j]
trous [tru]

neuves [nœ:v]
trou [tru]
vieux [vjø]

Il emportera des souliers.	Les souliers sont dans le sac.

Il les mettra dans_un sac à souliers.	Ils ne sont pas contre la chemise. La chemise sera propre; elle ne sera pas sale.

Mes mains sont sales.	Cette serviette est sale.

Mes mains sont propres.	Cette serviette est propre.

contre [kɔ̃:tr]
propre [prɔpr]
sale [sal]

sales [sal]
propres [prɔpr]
serviette [sɛrvjɛt]

Cette assiette est propre.　　　Sa figure est sale.

Cette assiette est sale.　　　Sa figure est propre.

L'assiette est sale, mais la serviette est propre.　　　Maintenant la serviette est sale, mais l'assiette est propre.

Voici une cuvette. Voici du savon.

Il y a de l'eau chaude dedans.

Qu'est-ce qu'elle fait?   Ses mains sont mouillées maintenant, mais_elles sont propres.
Elles_étaient sales.

Elle se lave avec du savon et de l'eau chaude.
Elle se lave les mains.

cuvette [kyvɛt] se lave [səlav]
dedans [dədɑ̃] mouillées [muje]
savon [savɔ̃]

Qu'est-ce qu'elle fait?
Elle se sèche les mains avec une serviette.

Ses mains étaient mouillées.

Maintenant elles sont sèches.
Elles_étaient sàles.
Maintenant elles sont propres.

Qu'est-ce que c'est?

C'est_une brosse.
C'est_une brosse à dents.

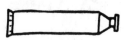

Qu'est-ce que c'est?
C'est de la pâte dentifrice.

Elle met la pâte dentifrice sur la brosse.

sèche [sɛːʃ]
elles [ɛl]
sèches [sɛːʃ]

brosse [brɔs]
pâte [pɑːt]
dentifrice [dɑ̃tifris]

Maintenant elle se brosse les dents.

Qu'est-ce que c'est?
C'est_un peigne.

Et ceci?

Ses dents seront propres.
Elles seront propres et blanches.

C'est_une brosse.
C'est_une brosse à cheveux.

Elle se brosse les cheveux.

Maintenant elle se peigne les cheveux.

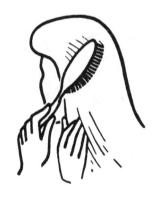

se brosse [səbrɔs]
seront [sərɔ̃]
blanches [blã:ʃ]

peigne [pɛɲ]
se peigne [səpɛɲ]

Qu'est-ce que c'est?

Cette épingle-ci

est pareille à cette épingle-là.

Ce sont des_épingles.

Les_épingles sont pareilles.

Mais ce sont deux_épingles.
Elles ne sont pas la même épingle.
Ce sont des_épingles différentes.

Voici trois_épingles à cheveux.
Ce sont des_épingles différentes.

Elle tient une épingle à cheveux à la main.
Elle la met dans ses cheveux.

épingles [epɛ̃:gl]
épingle [epɛ̃:gl]
pareille [parɛ:j]

même [mɛm]
différentes [diferã̃t]

Maintenant l'épingle est dans ses cheveux.
Elle l'avait à la main.
Mais c'est la même épingle.

Il se brosse les cheveux mais il ne met pas d'épingles dans ses cheveux.

Madame Duval a mis des chemises et des chaussettes et des souliers et un peigne et de la pâte dentifrice et du savon et une serviette dans le sac de Monsieur Duval.

Elle a mis toutes ces choses dans le sac.
Toutes ces choses sont à Monsieur Duval.

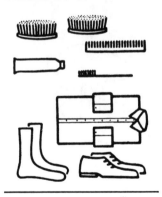

toutes [tut]

ces [se]

Monsieur Duval ira à la gare en taxi.

Voici la gare.
Le taxi est devant la gare.

Voici un taxi.

Monsieur Duval monte dans le taxi.
Il porte son sac à la main.

Monsieur Duval descend du taxi.

Maintenant il entre dans la gare.

gare [ga:r]
taxi [taksi]
monte [mɔ̃t]

descend [desɑ̃]
devant [dəvɑ̃]

Voici la salle d'attente de la gare. Voici un train.

Voici la locomotive d'un train.

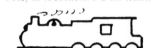

Ces_hommes et ces femmes,
assis dans la salle d'attente,
attendent.
Ils_attendent leur train.

Voici la cloche sur
la locomotive.

Voici des rails.
Ils sont de fer.
C'est_un chemin de fer.

Voici le guichet dans la gare.
Monsieur Duval a pris son
billet ici.

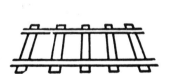

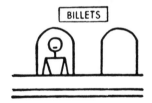

Monsieur Duval ira à Marseille
en chemin de fer.

attente [atɑ̃t]
assis [asi]
attendent [atɑ̃d]
locomotive [lɔkɔmɔtiv]
cloche [klɔʃ]

rails [ra:j]
fer [fɛ:r]
chemin de fer [ʃəmɛ̃dəfɛ:r]
guichet [giʃɛt]

Voici son billet.
Il a payé son billet cent (100) francs.

Combien est-ce qu'il a payé son billet pour Marseille?
Il a payé son billet mille francs.

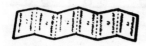

Voici des billets.

Le voyage est long.
C'est_un voyage de douze heures.
Il sera dans le train lundi.
Il sera à Marseille les_autres jours de la semaine.
Les jours de la semaine sont dimanche, lundi, mardi, mercredi, jeudi, vendredi et samedi.

Combien d'argent est-ce qu'il a pris pour le voyage?
Il a pris cinq mille francs.

Beaucoup d'argent: 5000 francs.
Peu d'argent: 5 francs.

---

payé [pɛje] · billets [bijɛ] · combien [kɔ̃bjɛ̃] · lundi [lœ̃di] · jours [ʒuːr] · semaine [səmɛn] · dimanche [dimɑ̃ːʃ] · mardi [mardi] · mercredi [mɛrkrədi] · jeudi [ʒødi] · vendredi [vɑ̃drədi] · samedi [samdi] · beaucoup [boku] · peu [pø]

M. Duval a des_amis à Marseille.

Ses_amis l'attendaient à la gare.

M. Duval.　　Ses_amis.

Voici ses_amis.
Il donne la main à ses_amis.

Ils disent: « Avez-vous fait un bon voyage? »

Son ami dit:
« Donnez-moi votre sac, s'il vous plaît. »
Il va à la maison de ses_amis.

amis [ami]
attendaient [atɑ̃dɛ]
disent [di:z]

ami [ami]
donnez-moi [donemwa]
s'il vous plaît [silvuplɛ]

Voici une lettre: a
Voici des lettres:
a b c
Voici un mot: *homme*
Ces cinq lettres
(h-o-m-m-e) font le mot *homme*
L'homme écrit une lettre.
Il écrit sur du papier avec une plume.

Voilà une lettre.
C'est Jean Picot qui l'a écrite.
M. Picot enverra la lettre à M. Rose.

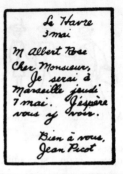

La lettre est dans l'enveloppe.

Voici le nom de M. Picot sur le dos de l'enveloppe.

Voici le timbre.
Voici l'enveloppe.

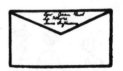

Le nom de M. Rose, le nom de la rue et de la ville sont sur l'enveloppe.
Marseille est dans le département:
Bouches-du-Rhône.

Le Havre est dans le département:
Seine Maritime.
La Seine est un grand fleuve.
Le Havre est sur l'Atlantique.
C'est un grand port.

---

lettre [lɛtr] · lettres [lɛtr] · a [a] · b = bé [be] · c = cé [se] · mot [mo] · h = ache [aʃ] · o [o] · m = emme [ɛm] · e [ə] · écrit [ekri] · papier [papje] · plume [plym] · écrite [ekrit] · enverra [ãvera] · enveloppe [ãvlɔp] · timbre [tɛ̃:br] · ville [vil] · département [departəmã] · dos [do] · grand [grã] · fleuve [flœ:v] · port [pɔ:r]

136

M. Duval écrit une carte postale à Mme Duval.
Il est_à Marseille.
Voici le port de Marseille sur un côté de la carte postale.

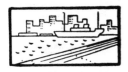

Le Rhône est_un grand fleuve.
Marseille est sur la Méditerranée.
C'est_un grand port.

Voici l'autre côté de la carte postale.
M. Duval y écrit le nom de Mme Duval.

Il mettra le nom de la rue sous son nom.
Il mettra le nom de la ville sous le nom de la rue.
Alors il mettra le nom du département.

Maintenant la carte est prête pour la poste.
Il y a un timbre sur la carte.

Le nom de Mme Duval, le nom de la rue et de la ville sont_à droite sur la carte.
Elle est_à Paris.
Paris est dans le département: Seine.

M. Duval mettra la carte à la poste.
Il monte les marches.

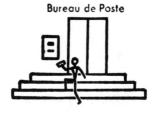

Il mettra la carte dans_une boîte aux lettres.
Il envoie la carte à Mme Duval.
Alors il descendra les marches.

---

carte [kart]
postale [pɔstal]
côté [kote]
Méditerranée [mediterane]
poste [pɔst]

marches [marʃ]
bureau [byro]
il envoie [ilãvwa]
descendra [desãdra]

Ce matin Mme Duval a reçu la carte que M. Duval lui a envoyée de Marseille.
Elle la lit maintenant.
Elle lit: « J'ai fait un bon voyage... »

Nous_apprenons à lire et à écrire à l'école.
C'est_une partie de notre éducation.
Ces garçons et ces petites filles sont_à l'école.

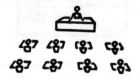

L'institutrice leur apprend à lire et à écrire.

Mme Duval envoie Jeanne et Pierre à l'école.
Ils seront_à l'école avant neuf_heures.

A l'école Pierre et Jeanne apprennent à lire et à écrire.
Ils lisaient et maintenant ils_écrivent.

Pierre écrit le mot « apprendre » au tableau.
L'institutrice lui apprend le mot « apprendre. »

matin [matɛ̃] · reçu [rəsy] · envoyée [ɑ̃vwaje] · lit [li] · apprenons [aprənɔ̃] · lire [li:r] · écrire [ekri:r] · école [ekɔl] · partie [parti] · éducation [edykasjɔ̃] · institutrice [ɛ̃stitytris] · apprend [aprɑ̃] · apprennent [aprɛn] · lisaient [lizɛ] · écrivent [ekri:v] · apprendre [aprɑ̃:dr]

Pierre et Jeanne sont rentrés de
l'école. Jeanne lit un conte.
Il est huit_heures trente.

Pierre est_assis.

Il écrit.
Le chien de Pierre
est à ses pieds.

Mme Duval lit le journal.

Pierre et Jeanne reçoivent une
bonne éducation.
Ils reçoivent une partie de leur
éducation à l'école.
Ils reçoivent une partie de leur
éducation à la maison.
Mme Duval regarde le travail de
Pierre.
C'est du bon travail.

Maintenant Mme
Duval écrit une lettre à
M. Duval.
Elle parle de Pierre et de Jeanne.

Elle enverra la lettre
à M. Duval.

Elle tient la lettre
à la main.
Maintenant elle
envoie la lettre.

Elle met la lettre dans la boîte
aux lettres.

Elle a envoyé
la lettre.

rentrés [rɑ̃tre]
conte [kɔ̃t]
trente [trɑ̃:t]
journal [ʒurnal]
reçoivent [rəswa:v]

regarde [rəgard]
travail [trava:j]
parle [parl]
envoyé [ɑ̃vwaje]

VOICI DES QUESTIONS

a Qu'est-ce que c'est?

Que fait ce garçon?

b Qu'est-ce que c'est?

Que fait cet_homme?

c Qu'est-ce que c'est?

Que fait la petite_fille?

d Qu'est-ce que c'est?

Que fait la femme?

Les réponses sont_à la page 148.

148 = cent quarante-huit
 [sãkarãtɥit]

VOICI DES QUESTIONS

a A la page 133 où est-ce que M. Duval a pris son billet?

b Combien est-ce qu'il a payé son billet?

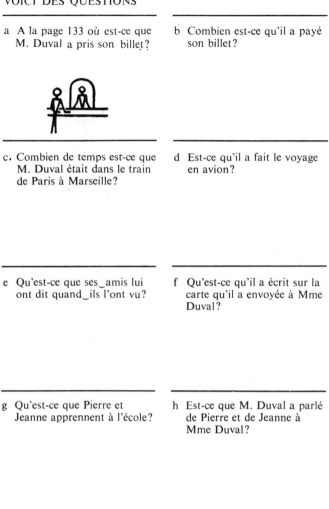

c. Combien de temps est-ce que M. Duval était dans le train de Paris à Marseille?

d Est-ce qu'il a fait le voyage en avion?

e Qu'est-ce que ses_amis lui ont dit quand_ils l'ont vu?

f Qu'est-ce qu'il a écrit sur la carte qu'il a envoyée à Mme Duval?

g Qu'est-ce que Pierre et Jeanne apprennent à l'école?

h Est-ce que M. Duval a parlé de Pierre et de Jeanne à Mme Duval?

133 = cent trente-trois [sɑ̃trɑ̃t trwa]

Les réponses sont_à la page 148.
parlé [parle]

Voici une assiette.
L'assiette est ronde.

Voici une orange.
L'orange est ronde.

La pendule est ronde.
Les_aiguilles de la pendule
tournent en rond.

Voici la lune.

La lune est ronde.

ronde [rɔ̃:d]
tournent [turn]
rond [rɔ̃]
lune [lyn]

Voici la terre.

La terre est ronde.
Elle tourne en rond.

Voici le soleil.

Voici le ciel.

Voici un nuage dans le ciel.

Voici la terre.

soleil [solɛ:j]
ciel [sjɛl]
nuage [nɥa:ʒ]

Le soleil se lève dans l'est.   Il se lève tous les matins.

Le soleil se couche dans l'ouest.   Il se couche tous les soirs.

Quelle heure est-il?
Il est cinq_heures huit du matin.

Quelle heure est-il?
Il est vingt_heures vingt du soir.

Le soleil se lève maintenant à 5ʰ8 du matin.

Le soleil se couche maintenant à 20ʰ20 du soir.

est [ɛst]
couche [kuʃ]
ouest [uɛst]
tous [tu]

matins [matɛ̃]
soirs [swa:r]
soir [swa:r]

Hier le soleil s'est levé à 5ʰ8 du matin et s'est couché à vingt_heures dix-neuf du soir.
Aujourd'hui le soleil s'est levé à 5ʰ8 du matin et se couchera à 20ʰ20 du soir.
Demain il se lèvera à cinq heures sept et il se couchera à 20ʰ20.

C'est le soir.

Voici la terre.
Voilà une étoile.

C'est le matin.

Le soleil se lève.

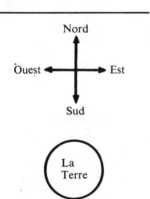

Un jour a vingt-quatre heures.
Vingt-quatre heures font_un jour.
Deux et deux font quatre.
Trois et cinq font huit.
Combien font cinq et six?
Est-ce que cinq et six font dix?
Non, cinq et six font onze.

Nord, Sud, Est, Ouest sont les points cardinaux.

---

hier [jɛ:r] · couché [kuʃe] · aujourd'hui [oʒurdɥi] · couchera [kuʃra] · demain [dəmɛ̃] · lèvera [lɛvra] · étoile [etwal] · nord [nɔ:r] · sud [syd] · points [pwɛ̃] · cardinaux [kardino] · jour [ʒu:r] · vingt-quatre [vɛ̃katr]

Voici des numéros.
Répétez ces numéros:
1, 2, 3, 4, 5, 6, 7, 8, 9, 10, 11, 12.
Quel numéro vient après 12?
Treize.
Quel numéro vient après 13?
Quatorze.
Quel numéro vient après 14?
Quinze.

Quels numéros viennent après 15?
Seize 16
Dix-sept 17
Dix-huit 18
Dix-neuf 19
Vingt 20

Vingt 20   Vingt_et un 21   Vingt-deux 22
Trente 30   Trente et un 31   Trente-deux 32
Quarante 40   Quarante et un 41
Quarante-deux 42   Cinquante 50
Cinquante et un 51   Cinquante-deux 52
Soixante 60   Soixante et un 61
Soixante-deux 62   Soixante-dix 70
Soixante et onze 71

Quatre-vingts 80   Quatre-vingt-un 81
Quatre-vingt-dix 90   Quatre-vingt-onze 91
Cent 100   Cent un 101   Mille 1000
Un million 1.000.000

---

répétez [repete] · treize [trɛːz] · quatorze [katɔrz] · quinze [kɛ̃ːz] · seize [sɛːz] · dix-sept [disɛt] · dix-huit [dizɥit] · dix-neuf [diznœf] · vingt et un [vɛ̃teœ̃] · soixante-dix [swasɑ̃tdis] · soixante [swasɑ̃ːt] · soixante et onze [swasɑ̃teɔ̃ːz]

QUELLES SONT CES CHOSES?

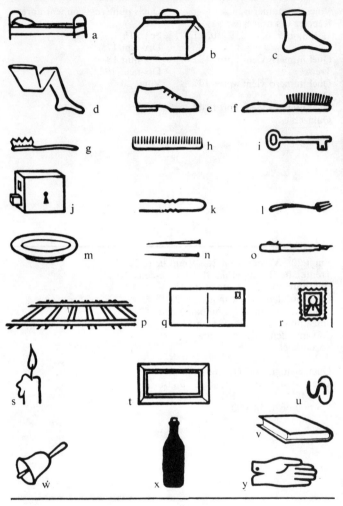

149 = cent quarante-neuf
[sãkarã:tnœf]

Les réponses sont à la page 149.

VOICI DES QUESTIONS

a Combien font sept et onze?
  Combien font vingt
  et quarante?
  Combien font treize et
  trente?
  Combien font deux cent
  trois et trois cent quatre?

b Où se lève le soleil?
  Où est-ce qu'il se couche?
  Est-ce que le jour vient après
  la nuit?
  Est-ce que la nuit vient
  après le jour?

c Voici une lettre.

  Où est-ce qu'on met le nom
  de la rue et le nom de la
  ville?

d Pierre va à l'école.
  C'est un écolier.
  Il travaille pour apprendre.
  Que fait l'institutrice?

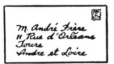

nuit [nɥi]
écolier [ekɔlje]

Les réponses sont à la page 149.
travaille [trava:j]

Voici les réponses aux questions: pages 140 et 141.

Page 140

a Ce sont des souliers.
   Il met ses souliers.
b Ce sont des chemises.
   Il met ses vêtements dans son sac.
c C'est‿une brosse à dents et de la pâte dentifrice.
   Elle se brosse les dents.
d C'est du savon.
   Elle se lave les mains.

Page 141

a Il a pris son billet au guichet de la gare.
b Il a payé son billet 100 francs.
c Il était dans le train 12 heures.
d Non, il n'a pas fait le voyage en avion.
   Il a fait le voyage en chemin de fer.
e Ils ont dit: Avez-vous fait un bon voyage?
f Il a écrit: J'ai fait un bon voyage et je vous‿enverrai une lettre demain.
   Bons baisers—Jean
g Ils‿apprennent à lire et à écrire à l'école.
h Non, il n'a pas parlé de Pierre et de Jeanne.

écrit [ekri]   bons [bɔ̃]
enverrai [ɑ̃vɛre]   baisers [bɛze]

Voici les réponses aux questions: pages 146 et 147.

Page 146

a un lit	b un sac	c une chaussette
d un bas	e un soulier	f une brosse à cheveux
g une brosse à dents	h un peigne	i une clef
j une serrure	k une épingle à cheveux	l une fourchette
m une assiette	n deux épingles	o une plume
p des rails	q une carte (postale)	r un timbre
s une flamme	t un cadre	u un crochet
v un livre	w une cloche	x une bouteille
y un gant		

Page 147

a Dix-huit.
 Soixante.
 Quarante-trois.
 Cinq cent sept.

b Le soleil se lève à l'est et se couche à l'ouest.
 Oui, le jour vient après la nuit.
 Oui, la nuit vient après le jour.

c On met le nom de la rue sous le nom de la personne et on met le nom de la ville sous le nom de la rue.
 Et sous ces noms on met le nom du département.

d L'institutrice leur apprend à lire et à écrire.

---

soulier [sulje] gant [gɑ̃]
chaussette [ʃosɛt] noms [nɔ̃]

Ce garçon s'appelle André.
Son nom est André.

Cette petite fille s'appelle Françoise.
Son nom est Françoise.

André fait quelque chose.

Françoise dit:
Que fais-tu, André?

s'appelle [sapɛl]
André [ãdre]
quelque [kɛlk]

Françoise [frãswa:z]
fais-tu [fɛty]

André dit: Je fais une maison.

Voici une boîte.

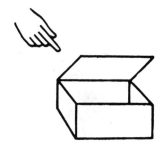

Voici un côté de la boîte.

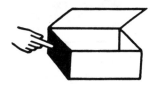

Voici l'autre côté de la boîte.

je fais [ʒəfɛ]

| Voici le devant de la boîte. | Et voici le derrière de la boîte. |

| Voici le fond de la boîte. | Voici le couvercle de la boîte. |

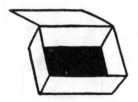 

derrière [dɛrjɛːr]   fond [fɔ̃]

Ce côté-ci de la boîte sera un mur de la maison.

Ce côté-là sera un autre mur de la maison.

Le devant de la boîte sera le devant de la maison.

Voici une marche.

Voici des marches.

Voici trois marches.

Je mettrai une marche sous la porte.

C'est le perron de la maison.

---

mettrai [mɛtre]
marche [marʃ]

perron [pɛrɔ̃]

Françoise a dit: Une maison a un *toit*.
Est-ce que tu *mettras* un toit sur la maison?
Comment est-ce que tu *feras* le toit?

« Je ferai le toit avec le couvercle de la boîte. »

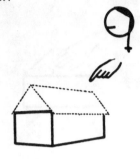

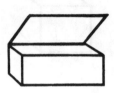

Non, le couvercle n'est pas_*assez* grand.
Il n'y a pas_assez de *bois*.

Le couvercle n'est pas_assez long.
Le couvercle n'est pas_*assez large*.

Quelle est la *longueur* du couvercle?

Le toit est fait *comme* ceci.

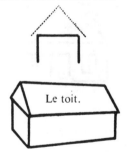

Quelle est la *largeur* du couvercle?

dit [di] · toit [twa] · mettras [mɛtra] · comment [kɔmã] · feras [fəra] · ferai [fəre] · assez [ase] · bois [bwa] · longueur [lɔ̃gœ:r] · largeur [larʒœ:r] · large [larʒ] · comme [kɔm] · ceci [səsi]

Voici un morceau de bois plus long et plus large.

« Je ferai le toit de cet_autre morceau de bois. »

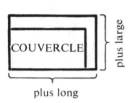

« Je vais couper le morceau de bois.

Voici un angle.

Je vais le couper à cet_angle. »

Voici un autre angle.

Voici un morceau de bois en deux.

Voici un angle droit. Voici un autre angle droit.

morceau [mɔrso]
plus [ply]
vais [vɛ]

couper [kupe]
angle [ɑ̃:gl]

« Que fais-tu, André? »
« Je mesure un morceau de bois. »

Ce bois est bon.

Voici une mesure.

Voici un arbre.

En voici les racines.

mesure [məzy:r]

Les_arbres nous donnent le bois.

Voici des_arbres.

Il y a du bois dur et il y a du bois tendre.

Il y a des_arbres qui ont le bois dur.

Ils nous donnent le bois dur.

D'autres_arbres nous donnent le bois tendre.

arbres [arbr]

« Maintenant je vais couper ce morceau de bois.

« Voici mon couteau.
Voici la lame de mon couteau. »

La lame entre dans le bois. »

« Je fais une ligne sur le bois.
Je fais une ligne avec un crayon. »

Voici le crayon.

Voici la ligne.

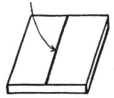

La ligne est droite.

---

lame [lam]

crayon [krɛjɔ̃]

« Mets la lame du couteau sur la ligne. Suis la ligne. »

Oh! Tu ne suis pas la ligne.

« Cela va mal. Tu n'as pas suivi la ligne. »

C'est toi qui as fait cela.
Tu as
poussé la table.

suis [sɥi]
mal [mal]
suivi [sɥivi]
toi [twa]

as [a]
cela [səla]
poussé [puse]

André recommence.

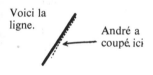

Il n'a pas suivi la ligne.
Mais ce n'est pas très mal fait.
André va recommencer.

Cela va bien.
La ligne est droite.
La lame du couteau coupe sur la ligne.
Bien!

coupé [kupe]
recommence [rəkɔmɑ̃:s]
recommencer [rəkɔmɑ̃se]

bien [bjɛ̃]
coupe [kup]

« Maintenant j'ai ces deux morceaux de bois.

Je vais les joindre comme ceci. »

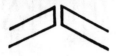

« Voilà le toit de la maison. »

« Je vais joindre ces deux parties du toit ensemble avec des clous. »

Voici des clous.

« Je ferai un trou dans cette partie du toit. Le clou passera de cette partie du toit dans l'autre partie. »

---

morceaux [mɔrso]
joindre [ʒwɛ̃:dr]
clous [klu]

clou [klu]
passera [pasra]

André fait les trous pour les clous.

Maintenant il fait_entrer les clous avec son marteau.

Maintenant les deux parties du toit sont jointes.

Voici les clous.

Le toit est prêt.

Est-ce qu'il est solide?

Oui, il est très solide!

entrer [ãtre]
marteau [marto]

jointes [ʒuɛ̃:t]
prêt [prɛ]

Est-ce que cette ligne est longue?

Cette ligne-ci est plus longue.

Est-ce que ce morceau de bois est solide?

Ce morceau de bois est plus solide.

cassé [kase]
donne-moi [dɔnmwa]

te [tə]
longue [lɔ̃:g]

Voici les supports pour le toit.

« Où ? »

Au milieu. »

« Vas-tu mettre un autre support au milieu ? »

« Oui, c'est mieux fait. »

Voici une ligne droite.

Voici un bout de la ligne.

Voici l'autre bout de la ligne.

Voici le milieu de la ligne.

Voici une ligne qui n'est pas droite.

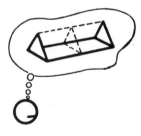

Ce sera mieux.
Le toit sera plus solide.

---

supports [sypɔ:r]
vas [va]
support [sypɔ:r]

milieu [miljø]
mieux [mjø]
bout [bu]

Françoise fait quelque chose.

Que fais-tu, Françoise?

Je fais un veston et des pantalons.

Voici les pantalons.

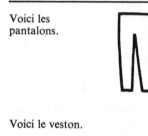

Voici le veston.

« Est-ce que ton veston a un col ? »

Voici le devant du veston.

En voici le col.

« Oui, il en a un.
Voici le col du veston. »

Voici le dos du veston.

Et voici un côté du veston.

En voici la poche.

ton [tɔ̃]

Voici l'autre côté du veston.

Voici le côté droit. Voici le côté gauche.

Voici les manches du veston.

Voici la manche droite. Voici la manche gauche.

Voici les boutons du veston.

manche [mã:ʃ]

boutons [butɔ̃]

Voici un bouton.

Voici une aiguille.

Voici une boutonnière.

Voici du fil.

« Que fais-tu avec ton aiguille maintenant ? »

« Je mets ce bouton sur le veston. Je le couds. »

« Je fais les boutonnières. »

bouton [butɔ̃]
boutonnière [butɔnjɛːr]
fil [fil]

couds [ku]
boutonnières [butɔnjɛːr]
aiguille [ɛgɥij]

La jeune fille va mettre le bout du fil dans le trou de l'aiguille.

Voici le bout du fil.

Voici le trou de l'aiguille.

Elle tient l'aiguille d'une main et le fil de l'autre main.

Le bout du fil n'est pas droit. Il n'entre pas dans le trou de l'aiguille.

Le fil n'est pas entré dans le trou de l'aiguille.

Il est à côté du trou.

Maintenant la jeune fille recommence.
Est-ce que le bout du fil est dans le trou maintenant?
Non, il n'y est pas.
Il est de l'autre côté de l'aiguille.

La jeune fille recommence encore.
Cette fois le fil entrera dans le trou.
Le bout du fil est droit.

Il est entré dans le trou.
La jeune fille prend le bout du fil avec ses doigts.
Le fil est dans le trou de l'aiguille.

fois [fwa]

Où sont vos ciseaux?
Les voici.

Qu'est-ce qu'une rue étroite?
Voici une rue étroite.

Cette lame est_étroite.   Cette lame est large.

Voici une rue large.

Ces pantalons sont larges.

Ces pantalons sont_étroits.

ciseaux [sizo]
étroite [etrwat]

étroits [etrwa]

VOICI DES QUESTIONS

a Voici deux murs.

Lequel est le plus_épais?
Est-ce que le mur A ou le mur B est le plus_épais?

b Voici deux portes.

Laquelle des deux est la plus large?

Est-ce que la porte A ou la porte B est plus large?

c Voici deux clous.

Lequel des deux est le plus long?

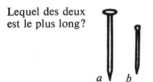

d Lequel de ces deux morceaux de bois est le plus solide?

e Lequel de ces deux crayons est le plus court?

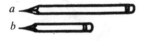

f Laquelle de ces deux cartes est la plus longue?

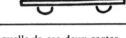

Laquelle est la plus large?

g Lequel de ces trois_angles est_un angle droit?

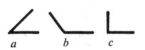

h Lesquelles de ces choses sont cassées?

lequel [ləkɛl]
laquelle [lakɛl]
crayons [krɛjɔ̃]
court [ku:r]

cartes [kart]
angles [ɑ̃:**gl**]
lesquelles [lekɛl]
cassées [kase]

VOICI DES QUESTIONS

a Que fait-il?

b Que fait-elle?

c Et maintenant?

d Et maintenant?

e Et maintenant?

f Et maintenant?

g Et maintenant?

h Et maintenant?

Les réponses sont à la page 174.

174 = cent soixante-quatorze
[sɑ̃swazɑ̃tkatɔrz]

VOICI DES QUESTIONS

a Quelles sont ces choses ?
c Lesquelles vont sur la terre ?
b Lesquelles vont dans l'air ?
d Lesquelles vont sur l'eau ?

Les réponses sont à la page 174.

Voici les réponses aux questions: pages 171-173.

Page 171

a Le mur B est le plus_épais.
b La porte B est la plus large.
c Le clou A est le plus long.
d Le morceau de bois B est le plus solide.
e Le crayon B est le plus court.
f La carte B est la plus longue. La carte A est la plus large.
g L'angle C est_un angle droit.
h La tasse, le marteau et l'assiette sont cassés.

Page 172

a Il monte les marches.
b Elle descend les marches.
c Il fait_entrer un clou avec un marteau.
d Il enlève un clou avec un marteau.
e Il mesure une boîte.
f Elle met le fil dans le trou d'une aiguille.
g Elle prend le bout du fil avec son doigt et son pouce.
h Elle met l'aiguille dans le trou du bouton.

Page 173

a
- a un train
- b une locomotive
- c un avion
- d une chaise
- e un bateau
- f une fleur
- g des montagnes
- h des_arbres
- i une étoile
- j un nuage
- k le soleil
- l la lune
- m un cochon
- n un mouton
- o un cheval
- p une vache
- q un chien
- r une chèvre
- s un veston
- t un oiseau
- u des pantalons
- v une tasse
- w un couteau
- x une cuillère
- y des ciseaux

b Les_avions et les_oiseaux vont dans l'air.
c Les trains, les locomotives, les cochons, les moutons, les chevaux, les vaches, les chiens, et les chèvres vont sur la terre.
d Les bateaux vont sur l'eau.

---

cassés [kase]
chèvre [ʃɛ:vr]
trains [trɛ̃]

locomotives [lɔkɔmɔtiv]
chiens [ʃjɛ̃]

La terre tourne en 24 heures.
Chaque jour a 24 heures.

La terre tourne autour du soleil en un an.

Le soleil se lève et se couche chaque jour parce que la terre tourne.

365 jours font un an.

Il y a 7 jours dans une semaine. Sept jours font une semaine. Voici les noms des jours de la semaine: lundi, mardi, mercredi, jeudi, vendredi, samedi, dimanche. Lundi vient avant mardi. Mardi vient après lundi.

Il y a trente et un (31) ou trente ou vingt-huit jours dans un mois. Voici les noms des mois:

janvier	(31)	juillet	(31)
février	(28)	août	(31)
mars	(31)	septembre	(30)
avril	(30)	octobre	(31)
mai	(31)	novembre	(30)
juin	(30)	décembre	(31)

Janvier vient avant février.

Février vient après janvier.

---

chaque [ʃak] · parce que [parskə] · autour (de) [otuːr(də)]· an [ã] · mois [mwa] · janvier [ʒɑ̃vje] · février [fevrje] · mars [mars] · avril [avril] · mai [mɛ] · juin [ʒɥɛ̃] · juillet [ʒyiːjɛ] · août [u] · septembre [sɛptɑ̃ːbr] · octobre [ɔktɔbr] · novembre [nɔvɑ̃ːbr] · décembre [desɑ̃ːbr]

Voici les mois d'hiver:
décembre, janvier, février.
Voici les mois d'été: juin, juillet,
août.
Voici les mois de printemps:
mars, avril, mai.
Voici les mois d'automne:
septembre, octobre, novembre.

Dans le nord la terre est froide
en hiver.
Il y fait froid en hiver.
La neige descend du ciel.
Il n'y a pas de feuilles
aux_arbres.
Il y a de la glace sur l'eau.
Les jours sont courts.

Dans le nord, la terre et l'air
sont chauds en été.
Il y fait chaud.
Il y a des feuilles aux_arbres.
Les jours sont longs.
Il n'y a pas de glace.
Il n'y a pas de neige.

Au printemps il y a des feuilles
aux_arbres.
Les feuilles poussent.
Il y a des plantes qui donnent
des fleurs.

hiver [ivɛ:r]
été [ete]
printemps [prɛ̃tɑ̃]
automne [otɔn]

neige [nɛ:ʒ]
poussent [pus]
fleurs [flœ:r]

En automne les feuilles tombent sur la terre.
L'automne est la saison dans laquelle les feuilles tombent.
Elles tombent sur la terre.

Au printemps les jours sont plus longs.
Chaque jour est plus long que la veille.
Aujourd'hui est plus long qu'hier.

En automne les jours sont plus courts.
Chaque jour est plus court que la veille.

Cette ligne-ci

est plus longue que

cette ligne-ci.

Quinze minutes font un quart d'heure.

Le temps entre 3 et 4 heures est plus court que le temps entre 3 et 5 heures.

Trente minutes font une demi-heure.

Une heure est un temps plus court que deux heures.

Quarante-cinq minutes font trois quarts d'heure.

tombent [tɔ̃:b]
saison [sɛzɔ̃]
veille [vɛ:j]
minutes [minyt]

quart [ka:r]
demi-heure [dəmiœ:r]
quarts [ka:r]

Lequel est plus court, un quart d'heure ou une demi-heure?

Voici deux centimètres.

La distance de A à B est un centimètre.

La distance de B à C est un centimètre.

Laquelle est plus courte
—la petite ou la grande
aiguille de la pendule?

Deux centimètres font une mesure plus courte que cinq centimètres.

Cent centimètres font un mètre.

Il y a cent cinquante kilomètres de Paris au Havre.
Il y a 600 kilomètres de Paris à Marseille.

Quelle est la longueur d'un mètre?

Mille mètres font un kilomètre.

ou [u]
courte [kurt]
distance [distã:s]

centimètre [sãtimɛ:tr]
kilomètre [kilɔmɛ:tr]
kilomètres [kilɔmɛ:tr]

Il y a 100 centimètres dans un mètre.
Il y a 1000 mètres dans un kilomètre.
Les centimètres, les mètres et les kilomètres sont des mesures de distance.

Que font ce garçon et cette jeune fille?
Ils font une promenade.

En une heure il fera
2 kilomètres.
En une heure elle fera
5 kilomètres.
Elle va vite.
Elle va plus vite que lui.
Il va plus lentement qu'elle.

Voici un train.

Les trains vont plus vite que les personnes.

Voici un avion.

Les avions vont plus vite que les trains.

mesures [məzy:r]
promenade [prɔmnad]

vite [vit]
lentement [lɑ̃təmɑ̃]

Ce bébé a un an.

Le bébé est très jeune.
Quel âge a-t_-il?
Il a un an.

Ce garçon a 10 ans.

Cet_homme a 30 ans.

Cet_homme est vieux. Il a 90 ans. Il tient une canne à la main.

Le vieux est très_âgé.
Quel âge a-t_-il?
Il a quatre-vingt-dix_ans.

Cette boîte a une longueur de 10 centimètres.
Elle a une largeur de 5 centimètres, et elle a une hauteur de 3 centimètres.

Cette salle a une longueur de 7 mètres et une largeur de 5 mètres et une hauteur de 3 mètres.

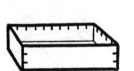

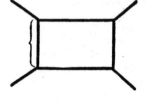

Quelle est la hauteur de cette salle?
Elle a une hauteur de 3 mètres.

---

ans [ɑ̃]
vieux [vjø]
canne [kan]
âge [ɑ:ʒ]

a-t-il? [atil]
âgé [ɑʒe]
hauteur [*otœ:r]
mètres [mɛ:tr]

Voici une
jaquette
courte.

Voici un livre
mince.

Celle-ci est
plus
longue.

Celui-ci est plus_épais.

Celle-ci est
la plus
longue des
trois.

Celui-ci est le plus_épais
des trois.

Voici une rue étroite.

Voici une figure sale.

Celle-ci est plus large.

Celle-ci est plus propre.

Celle-ci est la plus large des
trois.

Celle-ci est la plus propre des
trois.

Laquelle est la plus_étroite des
trois?

Laquelle est la plus sale?

jaquette [ʒakɛt]
celle-ci [sɛlsi]

celui-ci [səlɥisi]

Le verre
est plus dur que
le bois.

Le bois est plus dur
que le pain.

Le pain est plus dur
que le beurre.

Lequel est le plus mou
ou le plus tendre?
Lequel est le plus dur?

Cet_homme est
plus_âgé que
ce garçon.

Le garçon est
plus_âgé que
le bébé.

Lequel est
le plus_âgé?
Le bébé est le plus jeune.
Il est très jeune.

Cet_homme est
plus fort
que ce
garçon.

Le garçon
n'est pas
si fort
que
l'homme.

Il n'est pas si âgé que l'homme.

Le bébé n'est pas si fort que le
garçon.
Il n'est pas si âgé que le
garçon.

Cette ligne

est_aussi longue que celle-ci.

Ces deux lignes sont_égales.

Cette ligne-ci

n'est pas si longue que

celle-ci.

Elles ne sont pas_égales.

---

fort [fɔ:r]
si [si]

égales [egal]

Un train peut faire 100 kilomètres à l'heure.

Un avion peut faire 500 kilomètres à l'heure.

Les trains et les_avions sont deux genres différents de transport.

Les_autos et les voitures à cheval sont d'autres genres de transport.

Est-ce qu'il y a d'autres genres de transport?

Les bateaux sont_un autre genre de transport.
Combien de kilomètres à l'heure est-ce qu'un bateau rapide peut faire?
Un bateau rapide peut faire 50 kilomètres à l'heure.

Les_avions, les trains, les bateaux, les_autos, les chevaux et les voitures nous transportent d'un endroit à l'autre.

peut [pø]
transport [trãspɔ:r]
rapide [rapid]
autos [oto]

voitures [vwaty:r]
transportent [trãspɔrt]
endroit [ãdrwa]

On peut aller à pied d'un endroit à l'autre.

On peut prendre un train ou une auto ou un avion ou on peut aller en voiture ou à cheval.

Il y a des_endroits qui sont près les_uns des_autres.

Les_endroits dans la même rue sont près les_uns des_autres.

● ●

Ils ne sont pas loin les_uns des_autres.

●   ●

Il y a des_endroits qui sont loin les_uns des_autres.

Il y a des_endroits dans la même ville qui sont loin les_uns des_autres.

---

aller [ale]
auto [oto]
voiture [vwaty:r]

endroits [ɑ̃drwa]
uns [œ̃]
loin [lwɛ̃]

Voici une carte de France.

Ce sont des montagnes.

Les trains vont sur les rails.
Les rails sont en fer.
Voici un chemin de fer.

Voici des chemins de fer.

Voici une grande route.
Voilà une auto sur la route.

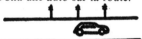

Voici des routes.

Voici un fleuve.
Il y a un bateau sur le fleuve.

Voici un fleuve et une rivière.

Voici une île.

chemins [ʃəmɛ̃]
routes [rut]
rivière [rivjɛ:r]

route [rut]
île [i:l]

Paris, Washington, Londres, Bruxelles et Florence sont de grandes villes.

Le gouvernement de la France est_à Paris.

Voici une ville.

Le gouvernement des_Etats - Unis est_à Washington.

Combien de kilomètres y a-t_-_il de New-York à Paris?
Il y a 5000 kilomètres environ de New-York à Paris.

Combien de kilomètres y a-t_-_il des Bouches du Rhône à Lyon?
Les Bouches du Rhône sont l'embouchure du Rhône.
L'embouchure d'un fleuve est l'endroit où il entre dans la mer.

Combien de kilomètres y a-t_-_il de Londres à Marseille?
Il y a 1000 kilomètres environ de Londres à Marseille.

Washington [waʃiŋtɔn] · Londres [lɔ̃dr] · Bruxelles [brysɛl]
Florence [flɔrɑ̃s] · grandes [grɑ̃:d] · villes [vil] · gouvernement
[guvɛrnəmɑ̃] · Etats-Unis [etazyni] · y a-t-il? [jatil] · New-York
[nyjɔrk] · environ [ɑ̃virɔ̃] · Lyon [ljɔ̃] · embouchure [ɑ̃buʃy:r]
mer [mɛ:r]

Voici la terre.
On la voit du nord.

Voici la terre.
On la voit maintenant du sud.

Il y a plus de terre que d'eau de ce côté de la terre.

Il y a plus d'eau que de terre de ce côté-ci.

Voici la lune.

Voit-on jamais l'autre côté de la lune?

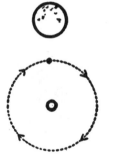

La lune fait le tour de la terre en un mois.

Non, on voit toujours le même côté de la lune.
Pourquoi?

tour [tu:r]
jamais [ʒamɛ]

toujours [tuʒu:r]
pourquoi [purkwa]

On voit toujours le même côté parce que la lune tourne.

La lune tourne autour de la terre et elle tourne sur elle-même.
Elle présente le même côté à la terre.

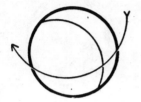

On voit toujours le même côté de la lune.
Quelquefois on la voit ainsi.

Quelquefois on voit la lune ainsi.

Une moitié de la lune est sombre.

L'autre moitié est claire.

Cette partie de la lune est sombre.

Cette partie est claire.

Voici le premier quartier de la lune.

Voici un croissant de la lune.

elle-même [ɛlmɛ:m]
présente [prezɑ̃t]
quelquefois [kɛlkfwa]
ainsi [ɛ̃si]
moitié [mwatje]

sombre [sɔ̃br]
premier [prəmje]
quartier [kartje]
croissant [krwasɑ̃]

Quelquefois on voit la lune ainsi. C'est la nouvelle lune.

Quelquefois on voit la lune ainsi. C'est la pleine lune.

Ce verre est plein.

Ma nouvelle maison est 123 rue de la Paix.
Mon ancienne maison était dans la rue Maubert.

Ce verre n'est pas plein.

Voici les phases de la lune.

Qu'est-ce qu'une phase? Une phase est_un changement.

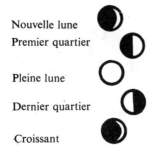

Nouvelle lune
Premier quartier
Pleine lune
Dernier quartier
Croissant

Voici un changement dans la direction d'une ligne.

Mais on voit toujours le même côté de la lune.

Voici un autre changement.

---

nouvelle [nuvɛl] · paix [pɛ] · ancienne [ɑ̃sjɛn] · Maubert [mobɛ:r]
pleine [plɛ:n] · plein [plɛ̃] · phases [fa:z] · dernier [dɛrnje] ·
phase [fa:z] · changement [ʃɑ̃ʒəmɑ̃] · direction [dirɛksjɔ̃]

Cet_homme était dans ce train.
Il va vers l'autre train.
Il fera un changement de train.

Les pommes de terre étaient dures.

Quelque temps après elles sont tendres.
C'est_un changement.

Cette eau était froide.

Maintenant elle est bouillante.

Il y a un changement de température.

Il y a des feuilles aux_arbres; c'est l'été.

Les feuilles tombent; c'est l'automne.
C'est_un changement de saison.

température [tãperaty:r]

Jean donne un billet à Pierre.
Il lui donne un billet.
Jean prend un journal à Pierre.
Il lui prend un journal.

Qu'est-ce que Jean a fait?
Il a donné un billet à Pierre
et il lui a pris un journal. Il a
payé le journal six francs.

Combien d'argent est-ce que
Jean a donné à Pierre? Il lui a
donné dix francs. Il a payé le
journal six francs.

Qu'est-ce que Jean a pris à
Pierre? Il lui a pris un journal
et il l'a payé six francs.

VOICE DES QUESTIONS

a Est-ce que le garçon ou la petite fille est le plus près de la femme?
Est-ce que la petite fille est plus près du garçon que de la femme?

b Lequel des deux est plus loin de l'arbre?

Est-ce que le garçon est plus loin de l'arbre que de la petite fille?

c Lequel des deux verres est plein d'eau, le verre à droite ou le verre à gauche?

d Y a-t-il plus de terre ou plus d'eau du côté sud de la terre?

Les réponses sont à la page 194.

VOICI DES QUESTIONS

a Laquelle de ces lunes est:
   un croissant?
   une pleine lune?
   le premier quartier?
   une nouvelle lune?
   le dernier quartier?

b Est-ce que Paris est plus loin du Havre que de Lyon?

A B C D E

c Combien de kilomètres est-ce qu'un train rapide peut faire en une heure?
  Combien de kilomètres pouvez-vous faire à pied en une heure, 5 kilomètres ou 50 kilomètres?

d Quel genre de transport est le plus rapide?
  Y a-t-il d'autres genres de transport?

---

lunes [lyn]

Les réponses sont à la page 194.
pouvez-vous [puvevu]

Voici les réponses aux questions: pages 192 et 193.

Page 192

a La petite fille est plus près de la femme.
  Oui, la petite fille est plus près du garçon que de la femme.
c Le verre à gauche est plein d'eau.

b La petite fille est plus loin de l'arbre.
  Oui, le garçon est plus loin de l'arbre que de la petite fille.
d Il y a plus d'eau que de terre du côté sud de la terre.

Page 193

a A est_une nouvelle lune.
  B est le premier quartier.
  C est_une pleine lune.
  D est le dernier quartier.
  E est le croissant de lune.
c Un train rapide peut faire 150 kilomètres en une heure.
  Je peux faire 5 kilomètres en une heure, pas 50.

b Non, Paris est plus loin de Lyon que du Havre.

d Oui, il y a d'autres genres de transport:
  les bateaux, les trains,
  les chevaux, et les_avions.
  L'avion est le plus rapide.

---

peux [pø]

La distance à travers la terre du nord au sud est de 13.000 (treize mille) kilomètres.

A quelle distance la lune est-elle de la terre?
Elle est_à 385.000 (trois cent quatre-vingt-cinq mille) kilomètres de la terre.

La distance autour de la terre est de 40.000 (quarante mille) kilomètres.

A quelle distance le soleil est-il de la terre?
Il est_à 150.000.000 (cent cinquante millions) de kilomètres de la terre.

Qu'avez-vous
à la
main?
C'est_une
balle.
La balle est petite.

Quelle est la grandeur du soleil?

Que voit-on
là-haut dans
le ciel?
C'est le soleil.
Le soleil est très grand.
Le soleil est_une grande balle de feu.

La distance à travers le soleil est d'1.400.000 (un million, quatre cent mille) kilomètres.

millions [miljɔ̃]
balle [bal]

feu [fø]
grandeur [grɑ̃dœ:r]

Quelle est la grandeur de la lune?
La lune a 3500 (trois mille cinq cents) kilomètres d'un côté à l'autre.
Est-ce que la lune est plus petite que la terre?
Est-ce que la terre est plus petite que le soleil?
Est-ce que le soleil est plus grand que la lune?

La lune est près de la terre.
La terre est loin du soleil.
Paris est près du Havre.
Paris est loin de Marseille.

Est-ce que les_étoiles sont plus petites que le soleil?
Non, il y a des_étoiles qui sont beaucoup plus grandes que le soleil.
Sont_elles plus près de la terre que le soleil?
Non. Elles sont beaucoup plus loin que le soleil.

Il y a beaucoup d'étoiles au ciel.
On ne peut pas les compter.
Il y en a de très grandes.
Elles sont plus grandes que la terre.

---

cents [sã]
étoiles [etwal]

au [o]
compter [kɔ̃te]

Qu'est-ce que c'est que cela?
L'homme tient un parapluie à la main.
Il est_ouvert.
Il le tient au-dessus de sa tête.
Pourquoi?

Parce qu'il pleut.
L'eau descend du ciel.
L'eau est la pluie.
La pluie descend.
La pluie tombe.
Il pleut.

L'homme a ouvert son parapluie parce qu'il pleuvait. Il l'a ouvert à cause de la pluie.
C'est_aujourd'hui lundi. Hier (dimanche) il faisait du soleil. Il n'y avait pas de nuages au ciel.

Aujourd'hui il y a de gros nuages au ciel.
Ils sont entre nous et le ciel.
Ils nous_empêchent de voir le soleil.

parapluie [paraplɥi]
pleut [plø]
tombe [tɔ̃:b]
pleuvait [pløvɛ]
cause [ko:z]

pluie [plɥi]
faisait [fəzɛ]
nuages [nɥa:ʒ]
gros [gro]
empêchent [ɑ̃pɛ:ʃ]

La pluie descend des nuages.
Elle tombe sur ma tête.

La pluie descend des nuages et
tombe sur notre tête.

Pourquoi pleut-il aujourd'hui?
Hier il faisait beau.
Il faisait du soleil.
L'air était chaud— il faisait chaud.

Aujourd'hui il fait mauvais.
Il fait de la pluie.
Il fait du vent et il fait froid.

beau [bo]

mauvais [movɛ]

Demain il fera peut-être plus mauvais. Il fera peut-être très froid. Il y aura peut-être de la glace. Il fera peut-être de la neige et la terre sera blanche. Sur le tableau y a-t-il de la neige? Est-on en hiver ou en été?

Il fera peut-être meilleur demain.
Il fera peut-être du soleil. L'air sera doux et les rues seront sèches.
Sur le tableau, quel temps fait-il?

peut-être [pøtɛ:tr] meilleur [mɛjœ:r]
aura [ora]   doux [du]

Les_hommes ont fait de grandes découvertes.
Une des grandes découvertes était la découverte du feu.

Il y a des_idées qui sont des principes:
L'homme a fait la découverte du principe de la roue.
Les roues sont rondes.

Voici de la fumée.

Les roues tournent.

Une charrette.

Le feu est très_utile à l'homme.
Le feu nous donne la chaleur.

Les roues sont très_utiles à l'homme.

Les vêtements aussi sont très_utiles à l'homme.

L'homme a fait des tissus.

Voici des vêtements.

Une jupe

Une chemise

Voici les fils.
Ils sont_attachés à un cadre.

---

découvertes [dekuvɛrt] · découverte [dekuvɛrt] · fumée [fyme] · utile [ytil] · idées [ide] · principes [prɛ̃sip] · principe [prɛ̃sip] · roue [ru] · roues [ru] · rondes [rɔ̃:d] · charrette [ʃarɛt] · utiles [ytil] · jupe [ʒyp] · tissus [tisy] · fils [fil] · attachés [ataʃe]

Voici d'autres fils.

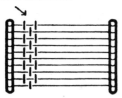

Ils traversent les premiers fils.

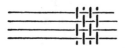

On les place au-dessus et au-dessous des premiers fils.

Voici une pièce de tissu.

Les vêtements sont faits de tissu.
On fait les vêtements de tissu.
On fait le tissu avec des fils.

On fait des tissus de laine et de coton ou de soie.

Les moutons nous donnent la laine.

Les moutons sont couverts de laine.
La laine est‿épaisse et tient chaud.
On coupe la laine sur le dos des moutons avec des ciseaux.

---

traversent [travɛrs] · premiers [prəmje] · place [plas] · au-dessous [odsu] · pièce [pjɛs] · tissu [tisy] · faits [fɛ] · laine [lɛn] · coton [kɔtɔ̃] · soie [swa] · couverts [kuvɛ:r]

Voici un fuseau de laine.
On fait le fil en tordant la laine.

C'est_une plante qui nous donne le coton.

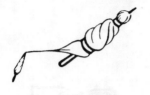

Voici un fil tordu.
Ici on tord le tissu.

C'est_une substance blanche qui entoure les graines.

Voici des genres différents de graines.

C'est le ver à soie qui nous donne la soie.

Les plantes sortent des graines.
D'autres plantes
du même genre nous donnent des graines.

Ce ver fait_un fil qui est doux et fort.
Il s'en fait_un manteau.

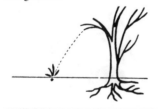

fuseau [fyzo] · tordant [tɔrdɑ̃] · tordu [tɔrdy] · tord [tɔːr] · substance [sypstɑ̃ːs] · entoure [ɑ̃tuːr] · graines [grɛn] · sortent [sɔrt] · ver à soie [vɛraswa] · s' [s] · manteau [mɑ̃to]

La laine, le coton et la soie sont trois genres différents de tissu.

Quand il fait froid, on met des vêtements de laine.
Ces vêtements sont épais et chauds.
Quand il fait chaud on met des vêtements de coton ou de soie.
Ces vêtements sont légers. Les vêtements de coton et de soie ne sont pas si chauds que les vêtements de laine.

On fait des vêtements de ces différents genres de tissu.

Les vêtements de laine nous tiennent chaud.
Ils nous tiennent plus chaud que les vêtements légers.
Le tissu épais empêche la chaleur du corps de sortir.
L'air froid n'y entre pas.

Voici un toit en deux parties.

Entre les deux parties il y a de l'air. Cet air empêche la chaleur ou le froid d'entrer dans la maison.

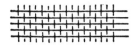

Voici un toit qui n'a pas deux parties.
Il n'y a pas d'air pour empêcher la chaleur ou le froid d'entrer ou de sortir.

---

légers [leʒe]
chauds [ʃo]
tiennent [tjɛn]

empêche [ɑ̃pɛ:ʃ]
empêcher [ɑ̃pɛʃe]

Que fait cet_homme?	Que fait cette femme?

Il travaille avec une bêche. C'est son travail.	Elle travaille avec son aiguille. C'est son travail.

Voici des souliers.

Voici des bottes.

Que fait cet_homme?
Il fait des chaussures.
C'est_un cordonnier.
C'est son travail.

Il fait des souliers et des bottes.
C'est son travail.

bêche [bɛ:ʃ]
chaussures [ʃosy:r]

cordonnier [kɔrdɔnje]
bottes [bɔt]

Que fait cet_homme?
Il peint la porte.
C'est_un peintre.
C'est son travail.

Voici de la peinture.

Voici une brosse.

Il peint avec la brosse.

Voici une addition.

Voici une banque.
L'homme est debout devant le guichet.

Il tient_un chèque à la main.
Voici un chèque.

Le garçon fait_une addition.
C'est son travail.

peint [pɛ̃]
peintre [pɛ̃:tr]
peinture [pɛ̃ty:r]
brosse [brɔs]

addition [adisjɔ̃]
banque [bɑ̃k]
chèque [ʃɛ:k]
5.000 = cinq-mille [sɛ̃:k mil]

Nous plaçons notre argent dans_une banque.
Une banque est_une entreprise importante.
Les_hommes et les femmes dans les banques et dans l'industrie tiennent des comptes.

Voici la page d'un livre de compte.

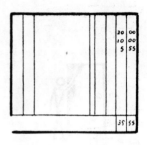

Les comptes sont_importants pour l'industrie.

Tenir les comptes est_un genre de travail.

L'agriculture est_un autre genre de travail.

Voici des livres de compte.   Voici une ferme.

plaçons [plasɔ̃] · entreprise [ɑ̃trəpri:z] · importante [ɛ̃pɔrtɑ̃:t] · banques [bɑ̃k] · industries [ɛ̃dystri] · comptes [kɔ̃:t] · compte [kɔ̃:t] · importants [ɛ̃pɔrtɑ̃] · industrie [ɛ̃dystri] · tenir [tənir] · agriculture [agrikylty:r] · ferme [fɛrm]

Voici une charrette.

Voici une charrue.

La charrue retourne la terre.

Voici un champ.

Le fermier laboure le champ avec la charrue.
C'est_une partie de son travail de fermier.

Le fermier a un compte en banque.
Il place son argent à la banque.
Il garde son argent à la banque.
Il prend son argent de la banque.

Il sait combien d'argent il a à la banque en regardant son compte.
Labourer un champ et tenir un compte sont deux genres différents de travail.

---

charrue [ʃary]
retourne [rəturn]
champ [ʃɑ̃]
fermier [fɛrmje]
laboure [labu:r]

garde [gard]
sait [sɛ]
regardant [rəgardɑ̃]
labourer [labure]

Quel genre de travail
cet_homme fait - il?
Il coupe du bois.

Quel genre de travail cette
femme fait - elle?
Elle lave des bas et des robes.

Quel genre de travail
cet_homme fait - il?
Il tient un magasin.

Quel genre de travail cette
femme fait - elle?
Elle est maîtresse de maison.

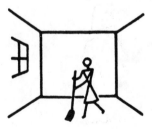

C'est_un magasin où il vend
des fruits.
Cet_homme est fruitier.

C'est sa maison.
Elle tient sa maison.

vend [vã]
fruitier [frɥitje]

maîtresse [mɛtrɛs]

Quelle est la fonction des doigts?
Ces doigts-ci touchent un livre.
Leur fonction est de toucher.
Ils touchent les objets.

Ces doigts-là touchent la couverture d'un livre.
Le toucher nous_apprend beaucoup de choses.
Quand nous_avons les yeux fermés,

ou quand nous regardons dans_une autre direction (elle touche le livre),

ou quand nous ne pouvons pas voir, nous_apprenons certaines choses en touchant des_objets.

fonction [fɔ̃ksjɔ̃]
touchent [tuʃ]
toucher [tuʃe]
objets [ɔbʒɛ]
couverture [kuvɛrty:r]

avons [avɔ̃]
regardons [rəgardɔ̃]
pouvons [puvɔ̃]
certaines [sɛrtɛn]
touchant [tuʃɑ̃]

Les doigts nous_apprennent quelque chose en touchant les_objets.
Voici un homme qui ne peut pas voir.

C'est_un livre en Braille qui est devant lui.
Il lit le livre avec le bout de ses doigts.

C'est_ainsi qu'on fait les lettres et les mots en Braille.
Il les touche avec le bout des doigts.

Cet_homme lit avec ses_yeux.
Il ne lit pas avec ses doigts.

Que porte-t_-il sur son nez?
Ce sont ses lunettes.

Braille [bra:j]
porte-t-il [pɔrtətil]

lunettes [lynɛt]

Quelle est la fonction des_yeux?

Leur fonction est de voir.

Quelle est la fonction des_oreilles?

Elles_entendent.

La bouche prononce les mots.

La bouche prend la nourriture.

Quelle est la fonction des jambes?

Leur fonction est de marcher.

Quelle est la principale fonction de la bouche?

Quelle est la fonction des mains?
Elles prennent les_objets.
Elles touchent les_objets.
Elles font beaucoup de choses.
On fait beaucoup de choses avec les mains.

---

entendent [ãtã:d]
marcher [marʃe]

principale [prɛ̃sipal]
prononce [prɔnũ3s]

VOICI DES QUESTIONS

a Y a-t-il plus d'eau dans la mer que dans un fleuve?
b Nommez deux grandes découvertes.
c D'où vient la laine?
D'où vient le coton?
D'où vient la soie?
d Pourquoi les vêtements épais sont-ils plus chauds que les vêtements légers?
e Quelle est la fonction principale des yeux, des oreilles, de la bouche, et des doigts?
f Quels genres de transport ont des roues?
g D'où vient la fumée?
D'où vient la vapeur?
h D'où vient le bois?

---

nommez [nɔme]

Les réponses sont à la page 214.

QUELS SONT CES OBJETS?

a
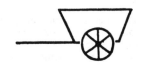

b

c

d

e

f

g

h

i

j

Les réponses sont à la page 214.

Voici les réponses aux questions: pages 212-213.

Page 212

a Oui, il y a plus d'eau dans la mer que dans_un fleuve.

b Le feu et le principe de la roue sont deux grandes découvertes.

c Les moutons donnent la laine. Une plante nous donne le coton.
Les vers à soie donnent la soie.

d Parce que les vêtements_épais empêchent la chaleur de sortir.

e La fonction principale des_yeux est de voir, des_oreilles d'entendre, de la bouche de prendre de la nourriture, des doigts de toucher.

f Les voitures, les_autos, les_avions et les trains ont des roues.

g La fumée vient du feu. La vapeur vient de l'eau bouillante.

h Les_arbres nous donnent le bois.

Page 213

a une charrette
b une charrue
c des souliers
d un fuseau de laine
e une jupe et une chemise
f une roue
g un feu
h une bêche
i une pièce de tissu
j un parapluie

entendre [ãtã:dr]

La vue, l'ouïe et le toucher
sont trois de nos sens.
Nous_apprenons par les_yeux
(la vue), par les_oreilles (l'ouïe)
et par les doigts
(le toucher).
Ce sont trois de nos principaux
sens.

Le goût est_un autre sens.

Voici la langue
d'un homme.

Voici ses lèvres.
Voici son menton.

La fonction principale de la
langue est de goûter.

Voici de la poudre blanche sur
une assiette.
Est-ce du sel ou du sucre?

Elle goûte la poudre blanche.
Elle en a mis sur son doigt.
Elle en met sur sa langue.
Elle la goûte.

---

vue [vy]
ouïe [wi]
toucher [tuʃe]
sens [sã:s]
principaux [prɛ̃sipo]

langue [lã:g]
lèvres [lɛ:vr]
goûter [gute]
poudre [pudr]
sucre [sykr]

On trouve le sel dans la mer.
L'eau de mer est salée.

On trouve aussi le sel dans les mines.
Quelques mines sont profondes.
On descend dans les mines.

On trouve le sucre dans les tiges de certaines plantes.

On trouve le sucre dans les racines d'autres plantes.

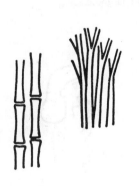

Le sucre et le sel sont des poudres blanches.
On les met sur certains genres de nourriture.

---

trouve [truv]
salée [sale]
mines [min]
quelques [kɛlk]
profondes [prɔfɔ̃:d]

tiges [ti:ʒ]
poudres [pudr]
blanches [blɑ̃ʃ]
certains [sɛrtɛ̃]

Le sucre a un goût sucré.

Voici une orange.

Voici un gâteau.

Voici la pelure.

Il y a du sucre sur ce gâteau.
Les gâteaux couverts de sucre
sont très sucrés.

Quelques_oranges sont sucrées.
Leur pelure a un goût amer.

Le sel a un goût salé.
Le sucre a un goût sucré.
On ne voit pas la différence
entre le sucre et le sel—pour
les_yeux ce sont des poudres
blanches—ils sont pareils.

Pour la langue ils sont très
différents.

le sel

le sucre

Ils_ont un goût
très différent.

sucré [sykre]
gâteau [gato]
gâteaux [gato]
sucrées [sykre]

amer [amɛ:r]
salé [sale]
différence [diferã:s]
différent [diferã]

Quelle est la fonction du nez?
Cette femme tient une fleur à la main.
Elle sent la fleur.

Quelques fleurs sont parfumées; elles sentent bon.
D'autres fleurs n'ont pas de parfum.

Voici de l'herbe; l'herbe n'a pas de parfum.
Ces fleurs sont dans_un jardin.
Elles sentent bon.

Voici des cochons.
Quelques cochons sont sales.
D'autres cochons sont propres.
(Voir la page 125.)
Les cochons sales ne sentent pas bon.
Ils sentent mauvais.

Voici de la fumée.

Voici du feu.

Il y a de la fumée qui sent bon.
Cet homme fume une pipe.
Est-ce que la fumée de sa pipe sent bon?

---

sent [sã]
parfumées [parfyme]
sentent [sã:t]
parfum [parfœ̃]

herbe [ɛrb]
jardin [ʒardɛ̃]
fume [fym]

Nous voyons les_objets avec nos_yeux et nous voyons les couleurs.
Voici des noms de couleurs:

Quelle est la couleur de l'herbe et des feuilles au printemps?
L'herbe et les feuilles au printemps sont vertes.

vert	verte
bleu	bleue
blanc	blanche
rouge	rouge
jaune	jaune
gris	grise

Quelle est la couleur des lèvres de cette jeune fille?

Ses lèvres sont rouges.

Le ciel est bleu.

Est-ce que le soleil est jaune?

Quelquefois quand le soleil se couche

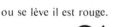

ou se lève il est rouge.

Le ciel est bleu quand_il fait beau.
Quelques nuages sont blancs.
D'autres nuages sont gris.

Cette flamme est jaune.

couleurs [kulœ:r] · vert [vɛ:r] · bleu [blø] · rouge [ru:ʒ] · jaune [ʒo:n] · gris [gri] · verte [vɛrt] · bleue [blø] · grise [gri:z] · couleur [kulœ:r] · vertes [vɛrt] · blancs [blɑ̃]

On voit les_objets.
Ce sont les_yeux qui voient.
On voit les dimensions et les couleurs des_objets.
Les_objets ne sont pas toujours tels qu'on les voit.
Quelquefois les_objets nous semblent plus grands ou plus petits qu'ils ne sont.

Cet_homme est grand.

Cet_homme est petit.

Cette femme est grande.

Cette femme est petite.

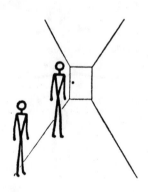

Voici deux_hommes.
Est-ce que l'un est_aussi grand que l'autre?

Lequel semble plus grand?
Est-ce que celui qui est plus loin semble plus grand que celui qui est plus près?
Ils sont de la même dimension.
Les lignes dans cette image nous font voir un homme plus grand que l'autre.

---

voient [vwa] · dimensions [dimãsjõ] · tels [tɛl] · semblent [sã:bl] · grands [grã] · petits [pəti] · semble [sã:bl] · celui [səlɥi] · dimension [dimãsjõ] · image [ima:ʒ] · voir [vwã:r] · lignes [liɲ]

220

« Les cinq sens » sont:
la vue, l'ouïe, le toucher,
le goût, et l'odorat.
Mais nous_avons plus de
cinq sens.
Quels sont nos_autres sens?

On sent le froid et la chaleur.
Voici de l'eau froide. Il y a de
la glace dans cette eau.
Elle est très froide.

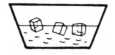

Voici de l'eau dans_une
bouillotte.
L'eau est bouillante.
La vapeur sort de la bouillotte.

Très froid.   Très chaud.

Voici trois cuvettes.
Il y a de l'eau très chaude dans
la cuvette à droite.
Il y a de l'eau très froide dans
la cuvette à gauche.
Dans la cuvette au milieu il y a
de l'eau qui n'est ni très
chaude, ni très froide.

odorat [ɔdɔra]
bouillotte [bujɔt]

cuvettes [kyvɛt]
ni [ni]

Je mets les mains dans les cuvettes à droite et à gauche.
Une de mes mains est dans l'eau chaude ; l'autre est dans l'eau froide.
Je les tiens dans l'eau quelque temps.

Je les mets maintenant dans la cuvette du milieu où l'eau n'est ni froide, ni chaude.

« Qu'est-ce qui arrive ? »
Il me semble que j'ai froid à une main et chaud à l'autre main.

Pourquoi ?
C'est parce qu'une de mes mains était dans l'eau chaude et l'autre dans l'eau froide avant d'être dans la cuvette du milieu.

arrive [ari:v]

Que fait ce garçon?

Il frappe des coups avec un marteau.

Voici son marteau.

Voici des clous de longueurs différentes.

Les coups du marteau font du bruit.
Le garçon fait beaucoup de bruit.

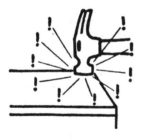

Il met le couvercle sur cette boîte.
Il met le couvercle avec des clous.
Le couvercle ferme la boîte.

Marie se bouche les‿oreilles.
Quel bruit!
Elle dit:
« Quel bruit vous faites. »

---

frappe [frap]
coups [ku]
longueurs [lɔ̃gœ:r]
ferme [fɛrm]

bruit [brɥi]
se bouche [səbuʃ]
faites [fɛt]

Il y a des bruits qui
sont éclatants.

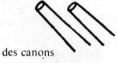

des canons

un révolver.

Les canons font un
bruit éclatant.
Les canons font plus de bruit
qu'un révolver.

Qu'est-ce
que c'est?
C'est un sifflet.
C'est un sifflet
à vapeur.
Il fait un bruit
éclatant.
Ce garçon a
un sifflet de
poche.
Il fait du bruit
avec son sifflet
mais il ne fait
pas grand
bruit.

Voici de la musique.

Elle chante une chanson.

Voici des
notes.
Voici une
note haute.

Voici une
note basse.

Voici une montagne
très haute.

Voici de hautes
montagnes.

Voici un bâtiment
très haut.
C'est une église.

Voici un
bâtiment bas.

éclatants [eklatã] · canons [kanɔ̃] · bruits [brɥi] · éclatant [eklatã] · révolver [revɔlvɛ:r] · sifflet [siflɛ] · musique [myzik] · chante [ʃɑ̃:t] · chanson [ʃɑ̃sɔ̃] · notes [nɔt] · note [nɔt] · bâtiment [batimɑ̃] · haut [*o] · église [egli:z]

Ce bateau est grand.

Ce deuxième bateau est plus grand que le premier.

Mais ce troisième bateau est le plus grand des trois.

Les animaux sont intelligents.

Un cheval est intelligent.

Un singe est plus intelligent qu'un cheval.

L'homme est le plus intelligent des animaux.

L'agriculture est un travail important.

Voici la note la plus haute.

Voici une note moins haute,

mais elle est plus haute que celle-ci.

Laquelle des trois est la note la plus basse?

Est-ce un travail plus important que la finance?

deuxième [døzjɛm]
troisième [trwazjɛm]
intelligents [ɛ̃teliʒɑ̃]
intelligent [ɛ̃teliʒɑ̃]

singe [sɛ̃ʒ]
moins [mwɛ̃]
finance [finɑ̃:s]

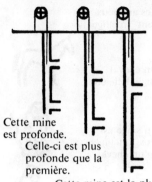

Cette mine
est profonde.
   Celle-ci est plus
   profonde que la
   première.
      Cette mine est la plus
      profonde des trois.

Voici trois chiens.

Voici   Voici
le premier   le dernier
chien.   chien.

L'autre chien est_au milieu.
Le premier chien et le dernier
chien sont blancs.
Le chien qui est_au
milieu est noir.
Le chien noir est plus petit
que les deux_autres chiens.
Le chien noir est le plus
petit des trois chiens.

Voici un
bon livre.

Voici
deux_autres bons livres.

Un de ces livres est
meilleur que les_autres.
C'est le meilleur livre des trois.

profonde [prɔfɔ̃:d]
première [prəmjɛ:r]

Oh! Cette maison est_en feu!
C'est_un grand_incendie.

Voici un plus grand_incendie.

Cet_incendie est le plus grand
des trois.

noir [nwa:r]
incendie [ɛ̃sɑ̃di]

Elle se regarde dans la glace.
Tous les jours elle se regarde
dans la glace.

Chaque fois qu'elle voit une
glace elle se regarde dans la
glace.

Pourquoi?

Parce qu'elle a du plaisir à se
regarder dans la glace.
Elle est belle.
Elle voit qu'elle est belle.

Cet_homme se regarde dans la
glace sans plaisir.
Cela lui fait de la peine.
Pourquoi?
Il se regarde mais
est_il beau?

plaisir [plɛzi:r]
regarder [rəgarde]
glace [glas]
belle [bɛl]

sans [sɑ̃]
peine [pɛn]

Qu'est-ce que le « plaisir »?
Qu'est-ce que la « peine »?
« Où est votre argent? »
« Je l'ai perdu. »
« Oh! Cela me fait de la peine. »

Peine—
douleur

Mettez votre
doigt dans
la flamme.
Non, merci.
Pourquoi?
A cause de
la douleur.

Mettez votre
doigt sur
le clou.
Je vous
donnerai un
coup de
marteau sur
le doigt.

Non, merci.
Je vois maintenant le sens du
mot « douleur. »
Comprenez-vous le sens de ce
mot?

Le plaisir est le contraire de
la douleur.
Haut est le contraire de bas.
Bon est le contraire de
mauvais.

perdu [pɛrdy]
douleur [dulœ:r]
donnerai [dɔnrə]
coup [ku]

merci [mɛrsi]
comprenez [kɔ̃prəne]
contraire [kɔ̃trɛ:r]

Comme il fait beau temps!
Il fait du soleil.
L'air est chaud.
Le ciel est bleu. Comme ils
sont heureux!

Comme il fait mauvais temps!
Il fait du vent.
La pluie tombe.
Il fait froid et humide.
Comme ils sont malheureux!

Clair est le contraire d'obscur.

Blanc est le contraire de noir.

Chaud est le contraire de froid.

Quel est le contraire de sec?
(Voir la page 128.)
Quel est le contraire d'heureux?

heureux [œrø]
humide [ymid]
malheureux [malœrø]

obscur [opsky:r]
sec [sɛk]

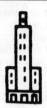

Lequel de ces deux bâtiments est haut?

Quel est le contraire de haut?

Quel est le contraire d'étroit?
Est-ce une rue étroite?

En haut est le contraire d'en bas.

Il entre dans la salle.
Il sort de la salle.

Entrer est le contraire de sortir.

« Arriver à » est le contraire de « partir de. »

Il *part de* New-York.
Il *arrive à* Paris.

Le plaisir est le contraire de la peine.

---

bâtiments [bɑtimɑ̃]
étroit [etrwa]
arriver [arive]

partir [parti:r]
part [pa:r]
arrive [**ari:v**]

Les belles choses nous font plaisir.

Quand_elle se voit dans la glace, elle voit qu'elle est belle.
Cela lui fait plaisir.

Elle a ce sourire parce qu'elle est_heureuse.
Son plaisir est la cause de son sourire.
Elle se dit:
« Je suis belle. »

Quand je dis qu'elle est belle, cela lui fait plaisir.

Elle a un sourire aux lèvres maintenant.

Pourquoi ce sourire?

Elle se dit qu'elle est belle.

Quand_elle sourit elle ne fait pas de bruit.

Le sourire est le rire sans bruit.

---

belles [bɛl]
dis [di]
sourire [suri:r]

heureuse [œrø:z]
sourit [suri]
rire [ri:r]

Voici un beau tableau par
Léonard de Vinci.

Ce tableau est beau.
Cela est certain.

C'est Mona Lisa.

Est-ce que la femme était belle?
Lisa était-elle belle?
Cela n'est pas certain.

J'ai mon idée de la beauté.

Nos_idées de la beauté ne sont
pas pareilles.
Il n'y a pas de mesure pour la
beauté.

Il a son idée de la beauté.

Léonard de Vinci [leɔnaːrdəvɛ̃si]
certain [sɛrtɛ̃]

ideé [ide]
beauté [bote]

Elle tombe.

Un sourire est différent d'un rire.
Quand‿on sourit on ne fait pas de bruit.
Quand‿on rit on fait du bruit.

Elle pousse un cri.
Elle pleure maintenant.
Les larmes tombent sur ses joues.

Cette petite fille rit.
Elle est‿heureuse.

Elle.ne rit plus.
Elle pleure à chaudes larmes.
Pourquoi?

Quand‿elle est tombée, elle s'est fait mal au genou.
Elle fait du bruit maintenant.

Quand‿elle est tombée, elle s'est fait mal au genou, elle s'est donné un coup au genou.

Voici le genou.

 Elle était debout.

Le coup est la cause de la douleur.

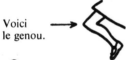

Ensuite elle était par terre.
Elle est tombée.

La douleur est la cause des larmes.

rit [ri]
cri [kri]
pleure [plœ:r]
chaudes [ʃo:d]
larmes [larm]

joues [ʒu]
tombée [tɔ̃be]
ensuite [ɑ̃sɥit]

Le plaisir et la douleur sont
des sensations.
Voici des plaisirs.

Il est_au bord de la mer.
Il est couché sur le sable, il
entend le bruit des vagues et il
regarde la mer.
Il se chauffe au soleil.
Voilà des plaisirs.

Il prend un bain de mer
maintenant.

Il se repose après son bain.
Il est couché de nouveau au
soleil.

Il nage dans l'eau.
Il nage bien.
Quand_on nage bien, nager
est_un plaisir.

Après son bain dans l'eau
fraîche la chaleur du soleil sur
son corps lui fait plaisir.

---

sensations [sɑ̃sasjɔ̃] · plaisirs [plɛziːr] · bord [bɔːr] · sable [saːbl] ·
entend [ɑ̃tɑ̃] · vagues [vag] · chauffe [ʃoːf] · bain [bɛ̃] · nage
[naːʒ] · nager [naʒe] · répose [rəpoːz] · fraîche [frɛːʃ]

Le plaisir et la douleur sont des sensations.

Cet_homme touche un morceau de bois avec ses doigts. Est-il rêche ou doux au toucher?

Ce bois est rêche.

Quand_on place les doigts sur un objet on a des sensations. On a la sensation du toucher, de la chaleur et du froid.

Ce bois est doux.

Les_objets qui nous font plaisir ont pour nous un attrait.

Cet_attrait cause en nous un désir.
C'est le désir que ce qui nous fait plaisir ne change pas.
Le soleil ne change pas.
Mais nos désirs peuvent changer.

---

objet [ɔbʒɛ] · sensation [sɑ̃sasjɔ̃] · touche [tuʃ] · rêche [rɛ:ʃ] · attrait [atrɛ] · cause [ko:z] · désir [dezi:r] · change [ʃɑ̃:ʒ] · désirs [dezi:r] · peuvent [pœ:v] · changer [ʃɑ̃ʒe]

Il y a certains désirs qui sont plus forts que d'autres.
Le bébé voit le chat et il voit sa balle.

Il désire prendre la balle.
Il désire aussi prendre le chat.

Il a le désir de prendre le chat.
Il a le désir de jouer avec la balle.

Lequel prendra-t-il?
Si son désir de prendre le chat est plus fort que son désir de prendre la balle, il ira vers le chat.

Il est_allé vers le chat.
Son désir de prendre le chat était le plus fort.

Tous nos désirs sont pour ce qui nous semble bon.
Nous désirons les choses qui nous semblent bonnes.
Ces désirs ne sont pas toujours bons.
Nous pouvons_avoir des_idées fausses.

---

forts [fɔ:r]
chat [ʃa]
jouer [ʒwe]
désire [dezi:r]

désirons [dezirɔ̃]
bonnes [bɔn]
fausses [fos]

Les réponses aux
questions peuvent
nous_apprendre
quelque chose.
Ces réponses ne
nous_apprennent
rien quelquefois.

Quand les réponses sont
correctes elles
nous_apprennent
quelque chose.
Quand_elles sont fausses, elles
ne nous_apprennent rien.

$2 + 2 = 4$
La réponse est correcte.
$2 + 2 = 5$
La réponse est fausse.

A combien de kilomètres le
soleil est-il de la terre?
Quelle est la réponse correcte?
« Il est_à dix kilomètres de la
terre, » ou « Il est_à plus de
dix kilomètres de la terre »?
Laquelle de ces réponses est
fausse?

Laquelle est sa main droite?

Laquelle est sa main gauche?
Il vous fait
face.

Maintenant il vous tourne le dos.
Laquelle est sa main gauche
maintenant et laquelle est
sa main droite?

---

correctes [kɔrɛkt]
correcte [kɔrɛkt]

fausse [fos]
face [fas]

Nos sens—la vue, l'ouïe, le toucher, le goût, l'odorat—nous_apprennent beaucoup de choses.
Nos sens peuvent nous donner des_idées.

Voici un chemin.

Cet_homme prend le chemin pour aller à la gare.

« Quel est le chemin pour aller à la gare? »
Cet_homme ne savait pas où était la.gare.
« Prenez la première rue à droite. »

Maintenant il le sait.
Il sait où est la gare.

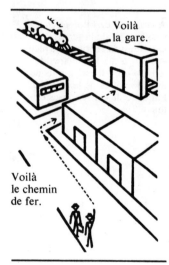

donner [dɔne]

savait [savɛ]

Nos sens nous_apprennent
beaucoup de
choses.
Nous_apprenons par le toucher,
l'ouïe, par la vue et

par ce qu'on nous dit,

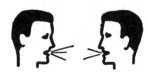

par le travail de nos
mains, par l'étude et par les
livres.

Ce sont des façons
différentes d'apprendre.

Il est_important
d'apprendre.
Celui qui n'apprend rien n'est
bon à rien.

Apprendre est très_utile.
Avez-vous appris le mot
« utile »?
(Voir la page 200.)
Quand_on apprend on voit
plus clair.
On comprend mieux la vie et le
monde.

étude [etyd]
façons [fasɔ̃]
important [ɛ̃pɔrtɑ̃]
appris [apri]

comprend [kɔ̃prɑ̃]
vie [vi]
monde [mɔ̃:d]

Voici un garçon.

Un jour il sera un homme.

Il était un bébé.

Il a douze ans environ maintenant.

Il se lève tous les matins à sept heures.

Il se lève et se lave la figure.

Tous les soirs il se couche et il dort toute la nuit.

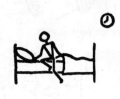

Il se couche à huit heures.

Il met ses vêtements. Il s'habille.

Il dit : « Bonjour, père ; bonjour, mère, » et prend sa place à table.

dort [dɔ:r]
s'habille [sabi:j]

bonjour [bɔ̃ʒu:r]
place [plas]

A l'école il voit ses_amis et il fait son travail.
Il apprend beaucoup de choses.

Après l'école il joue à la balle.

Il donne un bon coup à la balle.

pense [pɑ̃:s]
joue [ʒu]

Il pense à son travail.
Il ne pense pas à autre chose.
Il ne pense pas à sa balle.

Il rentre de l'école.

Le voici à la maison avec sa famille.

rentre [rɑ̃:tr]

Les_hommes sont des personnes. Ils_ont leur travail.

Ils voient des choses,

Ils font des_objets—

ils_en donnent

et ils_en reçoivent.

Ils vont et ils viennent.

ils disent des choses,

ils gardent des choses,

ils_en donnent;

ils font des_objets et

les_envoient.

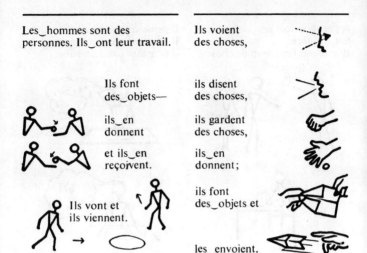

Quelques-uns semblent plus_heureux que d'autres.
Ils font toutes sortes de choses—ils vendent, ils_achètent,
ils reçoivent, ils touchent, ils prennent et ils_envoient des_objets.

viennent [vjɛn]
gardent [gard]
envoient [ɑ̃vwa]
quelques-uns [kɛlkzœ̃]

sortes [sɔrt]
vendent [vɑ̃:d]
achètent [aʃɛ:t]

Wörterverzeichnis

Anmerkungen

1. Zur **Kennzeichnung der Zeitwortformen** wurde diesen jeweils das Fürwort (Pronomen) vorangestellt:

    1. Person *sg.*: ai   (ich) habe
    2. Person *sg.*: as   (du) hast
    3. Person *sg.*: a   (er) hat
                          (auch für die übrigen Formen der 3. Person *sg.*)
                     arrive (es) geschieht (*unpersönlich!*)
    1. Person *pl.*: avons (wir) haben
    2. Person *pl.*: avez   (ihr) habt
                            (auch für die Höflichkeitsform im sg. und pl.: [Sie haben], die im Französischen häufiger verwendet wird als im Deutschen)
    3. Person *pl.*: ont   (sie) haben

Die Infinitivform der Verben wurde, in spitzen Klammern ‹ ›, hinter die jeweils angeführte Zeitwortform gesetzt.

2. Verwendete Abkürzungen

adv.	Umstandswort (Adverb)	*m.*	männlich (maskulin)
fem.	weiblich (feminin)	*pl.*	Mehrzahl (Plural)
inv.	unveränderlich (invariabel)	*sg.*	Einzahl (Singular)

A

a ‹avoir› [a] (er) hat ‹haben› 12
à [a] in; nach; zu   11, 19, 29, 77, 131, 183
accroché (-s, -e, -es) ‹accrocher› [akrɔʃe] aufgehängt ‹aufhängen›   70
achète ‹acheter› [aʃɛːt] (er) kauft ‹kaufen›   81
achètent ‹acheter› [aʃɛːt] (sie) kaufen ‹kaufen›   242
achèterai ‹acheter› [aʃɛtre] (ich) werde kaufen ‹kaufen›   80
achèterez ‹acheter› [aʃɛtre] (ihr) werdet kaufen ‹kaufen›   80
achèterons ‹acheter› [aʃɛtrɔ̃] (wir) werden kaufen ‹kaufen›   80
addition (-s) [adisjɔ̃] Rechnung   205
âge (-s) [ɑːʒ] Alter   180

âgé (-s, -e, -es) [ɑʒe] alt 180
agriculture [agrikylty:r]
 Landwirtschaft 206
ah! [ɑ] ach!; o! 65
ai ‹avoir› [e] (ich) habe ‹haben› 11
aiguille (-s) [egɥij] Uhrzeiger;
 (Näh)Nadel 45, 167
aiguilles pl. [egɥij] Uhrzeiger pl. 45
ainsi [ɛ̃si] so 188
air [ɛ:r] Luft 76
allé (-s, -e, -es) ‹aller› [ale]
 gegangen ‹gehen› 29
allée fem. [ale] gegangen 38
aller [ale] gehen 184
allés pl. [ale] gegangen 39
alors [alɔ:r] dann; jetzt 47
amer (-s, ère, -ères) [amɛ:r]
 bitter 217
ami (-s) [ami] Freund 135
amis pl. [ami] Freunde pl. 135
an (-s) [ɑ̃] Jahr 175
ancienne fem. [ɑ̃sjɛn] alt 189
André [ɑ̃dre] Andreas 150
angle (-s) [ɑ̃:gl] Winkel 155
angles pl. [ɑ̃:gl] Winkel pl. 171
animal (-aux) [animal] Tier 91
animaux pl. [animo] Tiere pl. 91
ans pl. [ɑ̃] Jahre pl. 180
août [u] August (Monat) 175
s'appelle ‹s'appeler› [sapɛl]
 (er) heißt ‹heißen› 150
apprend ‹apprendre› [aprɑ̃]
 (er) lernt ‹lernen› 138
apprendre [aprɑ̃:dr] lernen 138
apprennent ‹apprendre›
 [aprɛn] (sie) lernen ‹lernen› 138
apprenons ‹apprendre› [aprənɔ̃]
 (wir) lernen ‹lernen› 138

appris (pl. inv., -e, -es) ‹apprendre› [apri] gelernt ‹lernen› 239
après [aprɛ] nach 30
arbre (-s) [arbr] Baum 82
arbres pl. [arbr] Bäume pl. 156
argent [arʒɑ̃] Geld 73
arrive ‹arriver› [ari:v] (es) geschieht; (er) kommt an ‹geschehen; ankommen› 222, 230
arriver [arive] ankommen 230
as ‹avoir› [a] (du) hast ‹haben› 158
assez [ase] genügend, genug 154
assiette (-s) [asjɛt] Teller 87
assiettes pl. [asjɛt] Teller pl. 78
assis (pl. inv., -e, -es) ‹s'asseoir› [asi] sitzend ‹sich setzen› 78
assis pl. [asi] sitzend 133
assise fem. [asi:z] sitzend 78
Atlantique [atlɑ̃tik] Atlantik 136
à travers [atravɛ:r] (hin)durch 110
attachés pl. [ataʃe] festgemacht 200
attendaient ‹attendre› [atɑ̃dɛ]
 (sie) warteten ‹warten› 135
attendent ‹attendre› [atɑ̃:d]
 (sie) warten ‹warten› 133
attente [atɑ̃:t] Warten, Wartezeit 133
attrait (-s) [atrɛ] Anziehungskraft, Reiz 235
au [o] (= à + le) 196
au-dessous [odsu] (dar)unter 201
au-dessus [odsy] (dar)über 44
aujourd'hui [oʒurdɥi] heute 144
aura ‹avoir› [ora] (er) wird haben ‹haben› 199
aussi [osi] auch; (genau)so 99, 220

auto (-s) [oto] Auto	184
automne [otɔn] Herbst	176
autos *pl.* [oto] Autos *pl.*	183
autour (de) [otu:r(də)] herum (um)	175
autre (-s) [o:tr] anderer, -e, -es	24
autres *pl.* [o:tr] andere *pl.*	43
aux [o] (= à + les)	34
avaient ‹avoir› [avɛ] (sie) hatten ‹haben›	79
avais ‹avoir› [avɛ] (ich) hatte ‹haben›	47
avait ‹avoir› [avɛ] (er) hatte ‹haben›	21
avant [avɑ̃] vor (*zeitlich!*)	82
avec [avɛk] mit; mit (Hilfe von)	37, 77
avez ‹avoir› [ave] (ihr) habt ‹haben›	13
avion (-s) [avjɔ̃] Flugzeug	95
avions *pl.* [avjɔ̃] Flugzeuge *pl.*	95
avoir [avwa:r] haben	83
avons ‹avoir› [avɔ̃] (wir) ‹haben›	209
avril [avril] April	175

B

bain (-s) [bɛ̃] Bad	234
baisers *pl.* [bɛze] Küsse *pl.*	148
balle (-s) [bal] Ball	195
banque (-s) [bɑ̃:k] Bank(haus, -geschäft)	205
banques *pl.* [bɑ̃:k] Banken *pl.*	206
bas (*pl. inv.*, -sse, -sses) [bɑ] niedrig	81
bas (*pl. inv.*) [bɑ] Strumpf	81
bas *pl.* [bɑ] Strümpfe *pl.*	81
basse *fem.* [bɑ:s] niedrig	104
bateau (-x) [bato] Schiff	22
bateaux *pl.* [bato] Schiffe *pl.*	22
bâtiment (-s) [batimɑ̃] Gebäude	224
bâtiments *pl.* [batimɑ̃] Gebäude *pl.*	230
beau (-x) [bo] schön	198
beaucoup [boku] viel	134
beauté (-s) [bote] Schönheit	232
bébé (-s) [bebe] Baby	49
bêche (-s) [bɛ:ʃ] Spaten	204
belle *fem.* [bɛl] schön	227
belles *fem. pl.* [bɛl] schön	231
beurre [bœ:r] Butter	99
bien [bjɛ̃] gut (*adv.*)	159
billet (-s) [bijɛ] Geldschein	73
billets *pl.* [bi:jɛ] Fahrkarten *pl.*	134
blanc (-s, -che, -ches) [blɑ̃] weiß	111
blanche *fem.* [blɑ̃:ʃ] weiß	111
blanches *fem. pl.* [blɑ̃:ʃ] weiß	129
blancs *pl.* [blɑ̃] weiß	219
bleu (-s, -e, -es) [blø] blau	219
bleue *fem.* [blø] blau	219
bois [bwa] Holz	154
boîte (-s) [bwat] Schachtel	84
bon (-s, -ne, -nes) [bɔ̃] gut	98, 218
bonjour [bɔ̃ʒu:r] guten Tag	240
bonne *fem.* [bɔn] gut	99
bonnes *fem. pl.* [bɔn] gut	236
bons *pl.* [bɔ̃] gut	148
bord (-s) [bɔ:r] Küste, Ufer	234
bottes *pl.* [bɔt] Stiefel *pl.*	204
bouche (-s) [buʃ] Mund	42
bouche ‹boucher› [buʃ] (er) verstopft/stopft zu ‹ver-, zustopfen›	223
Bouches-du-Rhône [buʃdy-ro:n] Rhônemündung (*französisches Département*)	136
bouchon (-s) [buʃɔ̃] Stöpsel, Kork	77

245

bouillante *fem.* [bujɑ̃:t] kochend, siedend 93
bouillotte (-s) [bujɔt] Wasserkessel 221
bout (-s) [bu] Ende 163
bouteille (-s) [butɛ:j] Flasche 22
bouteilles *pl.* [butɛ:j] Flaschen *pl.* 24
bouton (-s) [butɔ̃] Knopf 167
boutonnière (-s) [butɔnjɛ:r] Knopfloch 167
boutonnières *pl.* [butɔnjɛ:r] Knopflöcher *pl.* 167
boutons *pl.* [butɔ̃] Knöpfe *pl.* 166
branche (-s) [brɑ̃:ʃ] Ast, Zweig 82
bras (*pl. inv.*) [brɑ] Arm 25
bras *pl.* [brɑ] Arme *pl.* 25
brosse (-s) [brɔs] Bürste; Pinsel 128, 205
brosse (brosser) [brɔs] (er) bürstet ‹bürsten› 129
bruit (-s) [brɥi] Lärm, Geräusch 223
bruits *pl.* [brɥi] Geräusche, *pl.* 224
Bruxelles [brysɛl] Brüssel 186
bureau (-x) [byro] Büro 137

C

c' [s] = ce 1
cadre (-s) [kɑ:dr] Rahmen 27
canne (-s) [kan] (Spazier)Stock 180
canons *pl.* [kanɔ̃] Kanonen *pl.* 224
cardinaux *pl.* [kardino] hauptsächlich, Haupt- 144
carte (-s) [kart] Karte 137
cartes *pl.* [kart] Karten *pl.* 171
cassé (-s, -e, -es) ‹casser› [kase] zerbrochen ‹zerbrechen› 162

cassées *fem. pl.* [kase] zerbrochen 171
casserole (-s) [kasrɔl] Kochtopf, Kasserole 93
cassés *pl.* [kase] zerbrochen 174
cause (-s) [ko:z] Grund, Ursache 197
cause ‹causer› [ko:z] (er) verursacht, bewirkt, ‹verursachen, bewirken› 235
ce [sə] dieser, -e, -es; das 7, 10
ceci [səsi] dies(es), das (hier) 31
cela [səla] das da, jenes 158
celle-ci [sɛlsi] die(jenige) hier 181
celui [səlɥi] der(jenige) 220
celui-ci [səlɥisi] der(jenige) hier 181
cent [sɑ̃] hundert 74
centimètre (-s) [sɑ̃timɛ:tr] Zentimeter 178
centimètres *pl.* [sɑ̃timɛ:tr] Zentimeter *pl.* 97
cents [sɑ̃] hundert 196
cent un [sɑ̃œ̃] hundert(und)eins 145
certain (-s, -e, -es) [sɛrtɛ̃] bestimmt, gewiß, sicher 232
certaines *fem. pl.* [sɛrtɛn] bestimmt, gewiß, sicher 209
certains *pl.* [sɛrtɛ̃] bestimmt, gewiß, sicher 216
ces *pl.* [sɛ] diese 8, 131
ce sont [səsɔ̃] das sind 10
c'est [sɛ] das ist 1
cet [sɛt] dieser 9
cette [sɛt] diese 8
ceux-ci *pl.* [søsi] diese (hier) 107
chaise (-s) [ʃɛ:z] Stuhl 25
chaises *pl.* [ʃɛ:z] Stühle *pl.* 37
chaleur [ʃalœ:r] Wärme, Hitze 94
chambre (-s) [ʃɑ̃:br] Zimmer 122

champ (-s) [ʃɑ̃] Feld, Acker	207
change ‹changer› [ʃɑ̃:ʒ] (er) wechselt ‹wechseln›	235
changement (-s) [ʃɑ̃ʒəmɑ̃] Wechsel	189
changer [ʃɑ̃ʒe] wechseln	235
chanson (-s) [ʃɑ̃sɔ̃] Lied	224
chante ‹chanter› [ʃɑ̃:t] (er) singt ‹singen›	224
chapeau (-x) [ʃapo] Hut	10
chapeaux pl. [ʃapo] Hüte pl.	13
chaque [ʃak] jeder, -e, -es	175
charrette (-s) [ʃarɛt] Karre(n), Handwagen	200
charrue (-s) [ʃary] Pflug	207
chat (-s) [ʃa] Katze	236
chaud (-s, -e, -es) [ʃo] warm	94
chaude fem. [ʃo:d] warm	96
chaudes fem. pl. [ʃo:d] warm	233
chauds pl. [ʃo] warm	203
chauffe ‹chauffer› [ʃo:f] er (er)wärmt ‹(er)wärmen›	234
chaussette (-s) [ʃosɛt] Kniestrumpf, Socke	149
chaussettes pl. [ʃosɛt] Kniestrümpfe pl., Socken pl.	85
chaussures pl. [ʃosy:r] Schuhe pl., Schuhwerk	204
chemin (-s) [ʃəmɛ̃] Weg	133
chemins pl. [ʃəmɛ̃] Wege pl.	185
chemise (-s) [ʃəmi:z] Hemd	85
chemises pl. [ʃəmi:z] Hemden pl.	85
chèque (-s) [ʃɛ:k] Scheck	205
cheval (-aux) [ʃəval] Pferd	91
chevaux pl. [ʃəvo] Pferde pl.	107
cheveux pl. [ʃəvø] Haar(e pl.)	45
chèvre (-s) [ʃɛ:vr] Ziege	174
chèvres pl. [ʃɛ:vr] Ziegen pl.	107
chien (-s) [ʃjɛ̃] Hund	44
chiens pl. [ʃjɛ̃] Hunde pl.	174
chose (-s) [ʃo:z] Ding, Sache	37
choses pl. [ʃo:z] Dinge pl., Sachen pl.	37
-ci [si] ... hier	43
ciel [sjɛl] Himmel	142
cinq [sɛ̃:k] fünf	35
cinquante [sɛ̃kɑ̃:t] fünfzig	101
cinquante et un [sɛ̃kɑ̃teœ̃] einundfünfzig	145
ciseaux pl. [sizo] Schere sg.	170
clair (-s, -e, -es) [klɛ:r] klar	110
claire fem. [klɛ:r] klar	110
clef (-s) [kle] Schlüssel	58
cloche (-s) [klɔʃ] Glocke	133
clou (-s) [klu] Nagel	160
clous pl. [klu] Nägel pl.	160
cochon (-s) [kɔʃɔ̃] Schwein	91
cochons pl. [kɔʃɔ̃] Schweine pl.	107
col (-s) [kɔl] Kragen	85
combien [kɔ̃bjɛ̃] wieviel	134
comme [kɔm] (so) wie	154
comment [kɔmɑ̃] wie (= auf welche Art und Weise)	154
comprend ‹comprendre› [kɔ̃prɑ̃] (er) versteht ‹verstehen›	239
comprenez ‹comprendre› [kɔ̃prəne] (ihr) versteht ‹verstehen›	228
compte (-s) [kɔ̃:t] Rechnung	206
compter [kɔ̃te] zählen, rechnen	196
comptes pl. [kɔ̃:t] Konten pl.	206
conte (-s) [kɔ̃:t] Erzählung, Geschichte	139
content (-s, -e, -es) [kɔ̃tɑ̃] zufrieden	98
contraire (-s) [kɔ̃trɛ:r] Gegenteil	228
contre [kɔ̃:tr] gegen	125

247

corde (-s) [kɔrd] Schnur 27
cordonnier (-s) [kɔrdənje] Schuhmacher, Schuster 204
corps (*pl. inv.*) [kɔːr] Körper 49
correcte *fem.* [kɔrɛkt] korrekt, richtig 237
correctes *fem. pl.* [kɔrɛkt] korrekt, richtig 237
côté (-s) [kote] Seite 137
côtés *pl.* [kote] Seiten *pl.* 84
coton [kɔtɔ̃] Baumwolle 201
cou (-s) [ku] Hals 50
se couche ‹se coucher› [səkuʃ] (er, sie, es) geht unter ‹untergehen› 143
couché (-s, -e, es) ‹se coucher› [kuʃe] untergegangen ‹untergehen› 144
se couchera ‹se coucher› [səkuʃra] (er, sie, es) wird untergehen ‹untergehen› 144
couds ‹coudre› [ku] (ich) nähe ‹nähen› 167
couleur (-s) [kulœːr] Farbe 219
couleurs *pl.* [kulœːr] Farben *pl.* 219
coup (-s) [ku] Schlag 228
coupe ‹couper› [kup] (er) schneidet ‹schneiden› 159
coupé (-s, -e, -es) ‹couper› [kupe] geschnitten ‹schneiden› 159
couper [kupe] schneiden 155
coups *pl.* [ku] Schläge *pl.* 223
court (-s, -e, -es) [kuːr] kurz 171
courte *fem.* [kurt] kurz 178
courts *pl.* [kuːr] kurz 45
couteau (-x) [kuto] Messer 87
couteaux, *pl.* [kuto] Messer *pl.* 87
couvercle (-s) [kuvɛrkl] Deckel 93

couverts *pl.* [kuvɛːr] bedeckt, zugedeckt 201
couverture (-s) [kuvɛrtyːr] Einband 209
crayon (-s) [krɛjɔ̃] (Farb-, Blei)Stift 157
crayons *pl.* [krɛjɔ̃] (Farb-, Blei)Stifte *pl.* 171
cri (-s) [kri] Schrei 233
crochet (-s) [krɔʃɛ] (Bilder-, Kleider)Haken 27, 67
crochets *pl.* [krɔʃɛ] (Kleider)-Haken *pl.* 67
croissant (-s) [krwasɑ̃] Mondsichel, zunehmender Mond 188
cuillère (-s) [kɥijɛːr] Löffel 79
cuillères *pl.* [kɥijɛːr] Löffel *pl.* 87
cuvette (-s) [kyvɛt] Waschbecken 127
cuvettes *pl.* [kyvɛt] Schalen *pl.*, Schüsseln *pl.* 221

D

d' [d] = de 18, 131
dans [dɑ̃] in 22
de [də] von 14, 18, 62, 91
debout [dəbu] aufrecht (stehend) 51
décembre [desɑ̃ːbr] Dezember 175
découverte (-s) [dekuvɛrt] Entdeckung 200
découvertes *pl.* [dekuvɛrt] Entdeckungen *pl.* 200
dedans [dədɑ̃] (da)rinnen 127
demain [dəmɛ̃] morgen 144
demi [dəmi] halb 177
demie *fem.* [dəmi] halb 100
de nouveau [dənuvo] erneut, nochmals 72

dent (-s) [dã] Zahn 103
dentifrice (-s) [dãtifris] Zahn- 128
dents *pl.* [dã] Zähne *pl.* 103
département (-s) [departəmã]
Department, Verwaltungs-
bezirk 136
dernier (-s, -ère, -ères) [dɛr-
nje] letzter, -e, -es 189
derrière [dɛrjɛːr] Rückseite 152
des [de] (= de + les) 22
descend ‹descendre› [desã]
(er) steigt aus ‹aussteigen› 132
descendra ‹descendre› [desã-
drã] (er) wird aussteigen
‹aussteigen› 137
désir (-s) [deziːr] Wunsch,
Verlangen 235
désire ‹désirer› [deziːr] (er)
wünscht, will haben ‹wün-
schen, haben wollen› 236
désirons ‹désirer› [dezirõ]
(wir) wünschen, wollen haben ‹wünschen, haben
wollen› 236
désirs *pl.* [deziːr] Wünsche *pl.*
235
deux [dø] zwei 13
deuxième [døzjɛm] zweiter,
-e, -es 225
devant [dəvã] Vorderseite;
vor (*örtlich*) 84, 132
différence (-s) [diferãːs] Un-
terschied 217
différent (-s, -e, -es) [diferã]
verschieden 217
différentes *fem. pl.* [diferãːt]
verschieden 107
différents *pl.* [diferã] verschieden 106
dimanche [dimãːʃ] Sonntag 134
dimension (-s) [dimãsjõ] Aus-

maß, Ausdehnung, Um-
fang 220
dimensions *pl.* [dimãsjõ]
Ausmaße *pl.* 220
dira ‹dire› [dira] (er) wird
sagen ‹sagen› 42
direction (-s) [dirɛksjõ] Rich-
tung 189
dis ‹dire› [di] (ich) sage ‹sagen› 231
disent ‹dire› [diːz] (sie) sagen
‹sagen› 135
distance (-s) [distãːs] Entfer-
nung 178
dit (-s, -e, -es) ‹dire› [di] ge-
sagt ‹sagen› 154
dit ‹dire› [di] (er) sagt ‹sagen› 42
dix [dis] zehn 36
dix-huit [dizɥit] achtzehn 145
dix-neuf [diznœf] neunzehn 145
dix-sept [disɛt] siebzehn 145
doigt (-s) [dwa] Finger 51
doigts *pl.* [dwa] Finger *pl.*,
Zehen *pl.* 10, 50
donne ‹donner› [dɔn] (er)
gibt; gib! ‹geben› 19, 162
donné (-s, -e, -es) ‹donner›
[dɔne] gegeben ‹geben› 19
donnent ‹donner› [dɔn] (sie)
geben ‹geben› 91
donner [dɔne] geben 238
donnera ‹donner› [dɔnra] (er)
wird geben ‹geben› 19
donnerai ‹donner› [dɔnre]
(ich) werde geben ‹geben› 228
donnez ‹donner› [dɔne] gib!,
gebt!, geben Sie! ‹geben› 135
dort ‹dormir› [dɔːr] (er)
schläft ‹schlafen› 240
dos (*pl. inv.*) [do] Rücken;
Rückseite 85, 136

249

douleur (-s) [dulœːr] Schmerz 228
doux (*pl. inv.*, -ce, -ces) [du]
   mild, sanft 199
douze [duz] zwölf 36
droit (-s, -e, -es) [drwa] rechter, -e, -es 40, 155
droite *fem.* [drwat] rechte 13
du [dy] (= de + le) 27
dur (-s, -e, -es) [dyːr] hart 102
dures *fem. pl.* [dyːr] hart 101

E

eau (-x) [o] Wasser 22
éclatant (-s, -e, -es) [eklatɑ̃] laut, schallend 224
éclatants *pl.* [eklatɑ̃] laut, schallend 224
école (-s) [ekɔl] Schule 138
écolier (-s) [ekɔlje] Schüler 147
écrire [ekriːr] schreiben 138
écrit ‹écrire› [ekri] (er) schreibt ‹schreiben› 136
écrit (-s, -e, -es) ‹écrire› [ekri] geschrieben ‹schreiben› 148
écrite *fem.* [ekrit] geschrieben 136
écrivent ‹écrire› [ekriːv] (sie) schreiben ‹schreiben› 138
éducation [edykasjɔ̃] Erziehung 138
égales *fem. pl.* [egal] gleich 182
église (-s) [egliːz] Kirche 224
elle [ɛl] sie (*3. sg.*) 2
elles *pl.* [ɛl] sie (*3. fem. pl.*) 128
embouchure (-s) [ɑ̃buʃyːr] Flußmündung 186
empêche ‹empêcher› [ɑ̃pɛːʃ] (er) (ver)hindert ‹(ver)hindern› 203
empêchent ‹empêcher› [ɑ̃pɛːʃ] (sie) (ver)hindern ‹(ver)hindern› 197

empêcher [ɑ̃pɛʃe] (ver)hindern 203
emportera ‹emporter› [ɑ̃pɔrtra] (er) wird mitnehmen ‹mitnehmen› 124
en [ɑ̃] in; davon 76, 165
encore [ɑ̃kɔːr] noch 61
endroit (-s) [ɑ̃drwa] Ort 183
endroits *pl.* [ɑ̃drwa] Orte *pl.* 184
enlève ‹enlever› [ɑ̃lɛːv] (er) nimmt weg ‹wegnehmen› 14
enlevé (-s, -e, -es) ‹enlever› [ɑ̃lve] weggenommen ‹wegnehmen› 14
enlèvera ‹enlever› [ɑ̃lɛvra] (er) wird wegnehmen ‹wegnehmen› 14
ensemble [ɑ̃sɑ̃ːbl] miteinander, zusammen 38
ensuite [ɑ̃sɥit] darauf, danach 233
entend ‹entendre› [ɑ̃tɑ̃] (er) hört ‹hören› 234
entendent ‹entendre› [ɑ̃tɑ̃ːd] (sie) hören ‹hören› 211
entendre [ɑ̃tɑ̃ːdr] hören 214
entoure ‹entourer› [ɑ̃tuːr] (er) umgibt ‹umgeben› 202
entre [ɑ̃ːtr] zwischen 38
entre ‹entrer› [ɑ̃ːtr] (er) tritt ein ‹eintreten› 60
entré (-s, -e, -es) ‹entrer› [ɑ̃tre] eingetreten ‹eintreten› 60
entrée *fem.* [ɑ̃tre] eingetreten 65
entrée (-s) [ɑ̃tre] Eintreten, Eintritt 84
entreprise (-s) [ɑ̃trəpriːz] Unternehmen 206
entrer [ɑ̃tre] eintreten 161

entrera ‹entrer› [ãtrəra] (er) wird eintreten ‹eintreten› 60
enveloppe (-s) [ãvləp] Briefumschlag, Kuvert 136
enverra ‹envoyer› [ãvɛra] (er) wird (ab)schicken ‹(ab)schicken› 136
enverrai ‹envoyer› [ãvɛre] (ich) werde (ab)schicken ‹(ab)schicken› 148
environ [ãvirɔ̃] etwa, ungefähr 186
envoie ‹envoyer› [ãvwa] (er) schickt (ab) ‹(ab)schicken› 137
envoient (envoyer) [ãvwa] (sie) schicken (ab) ‹(ab)schicken› 242
envoyé (-s, -e, -es) (envoyer) [ãvwaje] (ab)geschickt ‹(ab)schicken› 139
envoyée *fem.* [ãvwaje] (ab)geschickt 138
épais (*pl. inv.*, -se, -ses) [epɛ] dick, dicht 98
épaisse *fem.* [epɛs] dick, dicht 98
épingle (-s) [epɛ̃:gl] (Steck-)Nadel 130
épingles *pl.* [epɛ̃:gl] (Steck-)Nadeln *pl.* 130
est [ɛst] Osten 143
est ‹être› [ɛ] (er) ist ‹sein› 4
est-ce que [ɛskə] (*Frageform*) 30
et [e] und 23
étaient ‹être› [etɛ] (sie) waren ‹sein› 39
étais ‹être› [etɛ] (ich) war ‹sein› 75
était ‹être› [etɛ] (er) war ‹sein› 15
Etats-Unis [etazyni] Vereinigte Staaten 186
été [ete] Sommer 176

êtes ‹être› [ɛt] (ihr) seid ‹sein› 6
étoile (-s) [etwal] Stern 144
étoiles *pl.* [etwal] Sterne *pl.* 196
être [ɛtr] sein 83
étroit (-s, -e, -es) [etrwa] schmal, eng 230
étroite *fem.* [etrwat] schmal, eng 170
étroits *pl.* [etrwa] schmal, eng 170
étude (-s) [etyd] Studium 239

F

face [fas] Gesicht 237
façons *pl.* [fasɔ̃] Weisen *pl.*, Arten *pl.* 239
faire [fɛ:r] machen, tun 100
fais ‹faire› [fɛ] (du) machst, tust; ich mache, tue; mach! tu! ‹machen, tun› 150, 151, 162
faisait ‹faire› [fəzɛ] (er) machte, tat ‹machen, tun› 197
fait ‹faire› [fɛ] (er) macht, tut ‹machen, tun› 77
fait (-s, -e, -es) ‹faire› [fɛ] gemacht, getan ‹machen, tun› 105
faite *fem.* [fɛt] gemacht, getan 105
faites ‹faire› [fɛt] (ihr) macht, tut ‹machen, tun› 223
faits *pl.* [fɛ] gemacht, getan 201
famille (-s) [fami:j] Familie 109
fausse *fem.* [fo:s] falsch 237
fausses *fem. pl.* [fo:s] falsch 236
femme (-s) [fam] Frau 9
femmes *pl.* [fam] Frauen *pl.* 17
fenêtre (-s) [fənɛ:tr] Fenster 26
fenêtres *pl.* [fənɛ:tr] Fenster *pl.* 26
fer [fɛ:r] Eisen 133
fera ‹faire› [fəra] (er) wird machen, tun ‹machen, tun› 93

251

ferai ‹faire› [fəre] (ich werde machen, tun ‹machen, tun› 154
feras ‹faire› [fəra] (du wirst machen, tun ‹machen, tun› 154
ferme ‹fermer› [fɛrm] (er) schließt ‹schließen› 223
ferme (-s) [fɛrm] (Bauern)-Hof 206
fermé (-s, -e, -es) ‹fermer› [fɛrme] geschlossen ‹schließen› 56
fermée *fem.* [fɛrme] geschlossen 26
fermées *fem. pl.* [fɛrme] geschlossen 62
fermés *pl.* [fɛrme] geschlossen 40
fermier (-s) [fɛrmje] Bauer 207
feu (-x) [fø] Feuer 195
feuille (-s) fœ:j] Blatt 107
feuilles *pl.* [fœ:j] Blätter *pl.* 92
février [fevrje] Februar 175
figure (-s) [figy:r] Gesicht 45
fil (-s) [fil] Faden 167
fille (-s) [fi:j] Tochter 108
filles *pl.* [fi:j] Töchter *pl.* 109
fils (*pl. inv.*) [fis] Sohn 108
fils *pl.* [fis] Söhne *pl.* 109
fils *pl.* [fil] Fäden *pl.* 200
finance (-s) [finɑ̃:s] Finanz-(wesen) 225
flamme (-s) [flam] Flamme 93
flammes *pl.* [flam] Flammen *pl.* 106
fleur (-s) [flœ:r] Blume 92
fleurs *pl.* [flœ:r] Blumen *pl.* 176
fleuve (-s) [flœ:v] Fluß 136
Florence [flɔrɑ̃:s] Florenz 186
fois [fwa] Mal 169
fonction (-s) [fɔ̃ksjɔ̃] Funktion, Aufgabe 209
fond [fɔ̃] Boden 152

font ‹faire› [fɔ̃] (sie) machen, tun ‹machen, tun› 119
fort (-s, -e, -es) [fɔ:r] stark, kräftig 182
forts *pl.* [fɔ:r] stark, kräftig 236
fourche (-s) [furʃ] Forke (Mist- etc.)Gabel 92
fourchette (-s) [furʃɛt] Gabel 88
fourchettes *pl.* [furʃɛt] Gabeln *pl.* 87
fraîche *fem.* [frɛ:ʃ] frisch 234
Françoise [frɑ̃swa:z] Franziska 150
francs *pl.* [frɑ̃] Franken *pl.* 74
frappe ‹frapper› [frap] (er) schlägt ‹schlagen› 223
frère (-s) [frɛ:r] Bruder 109
frères *pl.* [frɛ:r] Brüder *pl.* 120
froid (-s, -e, -es) [frwa] kalt 96, 221
froide *fem.* [frwad] kalt 94
froides *fem. pl.* [frwad] kalt 118
fromage (-s) [frɔma:ʒ] Käse 99
fruit (-s) [frɥi] Frucht 106
fruitier (-s) [frɥitje] Obst-händler 208
fruits *pl.* [frɥi] Früchte *pl.*, Obst 92
fume ‹fumer› [fym] (er) raucht ‹rauchen› 218
fumée (-s) [fyme] Rauch 200
fuseau (-x) [fyzo] Spindel 202

G

gant (-s) [gɑ̃] Handschuh 149
gants *pl.* [gɑ̃] Handschuhe *pl.* 81
garçon (-s) [garsɔ̃] Junge 7
garçons *pl.* [garsɔ̃] Jungen *pl.* 8
garde ‹garder› [gard] (er) bewahrt auf ‹aufbewahren› 207
gardent ‹garder› [gard] (sie)

bewahren auf ‹aufbewahren› 242
gare (-s) [gaːr] Bahnhof 132
gâteau (-x) [gato] Kuchen 217
gâteaux *pl.* [gato] Kuchen *pl.* 217
gauche (-s, *fem. inv.*, -s) [goːʃ] linker, -e, -es 13
genou (-x) [ʒənu] Knie 50
genoux *pl.* [ʒenu] Knie *pl.* 51
genre (-s) [ʒɑ̃ːr] Art 117
genres *pl.* [ʒɑ̃ːr] Arten *pl.* 106
glace [glas] Eis; Spiegel 94, 227
glacière (-s) [glasjɛːr] Eisschrank 96
goût [gu] Geschmack 105
goûte ‹goûter› [gut] (er) kostet, probiert ‹kosten, probieren› 105
goûter [gute] kosten, probieren 215
gouvernement (-s) [guvɛrnəmɑ̃] Regierung 186
graines *pl.* [grɛn] Samen(körner *pl.*) 202
grand (-s, -e, -es) [grɑ̃] groß 136
grande *fem.* [grɑːd] groß 45
grandes *fem. pl.* [grɑ̃ːd] groß 186
grandeur [grɑ̃dœːr] Größe 195
grands *pl.* [grɑ̃] groß 220
gris (*pl. inv.*, -e, -es) [gri] grau 219
grise *fem.* [griːz] grau 219
gros *pl.* [gro] dick 197
guichet (-s) [giʃɛ] Schalter 133

H

* = ,,*aspiriertes*'' h, *das Apostrophierung und Bindung ausschließt.*

s'habille ‹s'habiller› [sabiːj]

(er) zieht sich an ‹sich anziehen› 240
haut (-s, -e, -es) [*o] hoch 224
haute *fem.* [*oːt] hoch 104
hautes *fem. pl.* [*oːt] hoch 104
hauteur [*otœːr] Höhe 180
herbe (-s) [ɛrb] Gras 218
heure (-s) [œːr] Stunde 35
heures *pl.* [œːr] Stunden *pl.* 35
heureuse *fem.* [œrøːz] glücklich 231
heureux (*pl. inv.*, -euse, -euses) [œrø] glücklich 229
hier [jɛːr] gestern 144
hiver [ivɛːr] Winter 176
homme (-s) [ɔm] Mann; Mensch 9
hommes *pl.* [ɔm] Männer; Menschen *pl.* 17
huit [ɥit] acht 36
humide (-s, *fem. inv.*) [ymid] feucht, naß 229

I

ici [isi] hier; hierhin, hierher 4, 95
idée (-s) [ide] Idee 232
idées *pl.* [ide] Ideen *pl.* 200
il [il] er 4
île (-s) [iːl] Insel 185
ils *pl.* [il] sie (*3. m. pl.*) 5
il y a ‹y avoir› [ilja] es ist/sind vorhanden, es gibt ‹vorhanden sein, geben› 27
image (-s) [imaːʒ] Bild 220
important (-s, -e, -es) [ɛ̃pɔrtɑ̃] wichtig 239
importante *fem.* [ɛ̃pɔrtɑ̃ːt] wichtig 206
importants *pl.* [ɛ̃pɔrtɑ̃] wichtig 206
incendie (-s) [ɛ̃sɑ̃di] Brand 226

253

industrie (-s) [ɛ̃dystri] Industrie 206
industries *pl.* [ɛ̃dystri] Industrien *pl.*, Industriezweige *pl.* 206
institutrice (-s) [ɛ̃stitytris] (Grundschul)Lehrerin 138
instrument (-s) [ɛ̃strymɑ̃] Instrument 97
intelligent (-s) [ɛ̃tɛliʒɑ̃] intelligent 225
intelligents *pl.* [ɛ̃tɛliʒɑ̃] intelligent 225
interrogation (-s) [ɛ̃tɛrɔgasjɔ̃] Frage 30
ira ‹aller› [ira] (er) wird gehen ‹gehen› 29
iront ‹aller› [irɔ̃] (sie) werden gehen ‹gehen› 39

J

jamais [ʒamɛ] je(mals) 187
jambe (-s) [ʒɑ̃:b] Bein 25
jambes *pl.* [ʒɑ̃:b] Beine *pl.* 25
janvier [ʒɑ̃vje] Januar 175
jaquette (-s) [ʒakɛt] Jacke 181
jardin (-s) [ʒardɛ̃] Garten 218
jaune (-s, *fem. inv.*, -s) [ʒo:n] gelb 219
je [ʒə] ich 4
Jean [ʒɑ̃] Hans 58
Jeanne [ʒan] Johanna 110
jeudi [ʒødi] Donnerstag 134
jeune (-s, *fem. inv.*, -s) [ʒœn] jung 109
joindre [ʒwɛ̃:dr] zusammenfügen 160
jointes *fem. pl.* [ʒwɛ̃:t] zusammengefügt 161
joue ‹jouer› [ʒu] (er) spielt ‹spielen› 241

jouer [ʒwe] spielen 236
joues *pl.* [ʒu] Wangen *pl.* 233
jour (-s) [ʒu:r] Tag 144
journal (-aux) [ʒurnal] Zeitung 139
jours *pl.* [ʒu:r] Tage *pl.* 134
juillet [ʒyjɛ] Juli 175
juin [ʒɥɛ̃] Juni 175
jupe (-s) [ʒyp] Rock 200

K

kilomètre (-s) [kilɔmɛ:tr] Kilometer 178
kilomètres *pl.* [kilɔmɛ:tr] Kilometer *pl.* 178

L

l' [l] (*vor Selbstlaut statt le oder la*) der, die, das; ihn, sie, es 18, 47, 126
la [la] die; sie 10, 41
là [la] dort 43
là-bas [labɑ] (dort/da) hinten 4
laboure ‹labourer› [labu:r] (er) pflügt ‹pflügen› 207
labourer [labure] pflügen 207
là-haut [lao] (dort/da) oben 82
laine [lɛn] Wolle 201
lait [lɛ] Milch 91
lame (-s) [lam] Klinge 157
langue (-s) [lɑ̃:g] Zunge 215
laquelle [lakɛl] welche 171
large (-s, *fem. inv.*, -s) [larʒ] breit 154
largeur [larʒœ:r] Breite 154
larmes *pl.* [larm] Tränen *pl.* 233
lave ‹laver› [lav] (er) wäscht ‹waschen› 127
le [lə] der; ihn 10, 19
légers *pl.* [leʒe] leicht 203

légumes *pl.* [legym] Gemüse *sg. u. pl.* 92

Le Havre [ləɑ:vr] Hafenstadt in Frankreich 136

lentement [lãtəmã] langsam (*adv.*) 179

lequel [ləkɛl] welcher 171

les *pl.* [le] die (*pl.*); sie (*pl.*) 10, 47

lesquelles [lekɛl] welche (*pl.*) 171

lettre (-s) [lɛtr] Buchstabe; Brief 136

lettres *pl.* [lɛtr] Buchstaben *pl.* 136

leur [lœ:r] ihr(e); ihnen 79, 138

lève ‹lever› [lɛ:v] (er) hebt auf/hoch, erhebt ‹auf-, hoch-, erheben› 120

se lève ‹se lever› [səlɛ:v] (er, sie, es) geht auf ‹aufgehen› 143

levé (-s, -e, -es) ‹lever› [ləve] auf-, hochgehoben, erhoben; aufgegangen ‹auf-, hoch-, erheben; aufgehen› 82, 144

se lèvera ‹se lever› [səlevra] (er, sie, es) wird aufgehen ‹aufgehen› 144

lèvres *pl.* [lɛ:vr] Lippen *pl.* 215

ligne (-s) [liɲ] Linie, Strich 98

lignes *pl.* [liɲ] Linien *pl.* 220

liquide (-s) [likid] Flüssigkeit 94

lire [li:r] lesen 138

lisaient ‹lire› [lizɛ] (sie) lasen ‹lesen› 138

lit ‹lire› [li] (er) liest ‹lesen› 138

lit (-s) [li] Bett 122

lits *pl.* [li] Betten *pl.* 122

livre (-s) [li:vr] Buch 43

livres *pl.* [li:vr] Bücher *pl.* 38

locomotive (-s) [ləkəmətiv] Lokomotive 133

locomotives *pl.* [ləkəmətiv] Lokomotiven *pl.* 174

loin [lwɛ̃] weit (weg), fern 184, 196

Londres [lɔ̃dr] London 186

long (-s, -ue, -ues) [lɔ̃] lang 97

longs *pl.* [lɔ̃] lang 45

longue *fem.* [lɔ̃:g] lang 162

longueur [lɔ̃gœ:r] Länge 154

longueurs *pl.* [lɔ̃gœ:r] Längen *pl.* 223

lui [lɥi] (*betont:*) er; ihm 2, 37, 138

lumière [lymjɛ:r] Licht, Lampe 44

lundi [lœ̃di] Montag 134

lune [lyn] Mond 142

lunes *pl.* [lyn] Monde *pl.* 193

lunettes *pl.* [lynɛt] Brille *sg.* 210

Lyon [ljɔ̃] (*Stadt in Frankreich*) 186

M

ma [ma] meine (*fem. sg.*) 11

Madame [madam] (*beim Namen:*) Frau; (*Anrede:*) gnädige Frau! 61

magasin (-s) [magazɛ̃] Laden, Geschäft 81

mai [mɛ] Mai 175

main (-s) [mɛ̃] Hand 10

mains *pl.* [mɛ̃] Hände *pl.* 13

maintenant [mɛ̃tnã] jetzt 18

mais [mɛ] aber 38

maison (-s) [mɛzɔ̃] Haus 28

maisons *pl.* [mɛzɔ̃] Häuser *pl.* 28

maîtresse (-s) [mɛtrɛs] Herrin, Meisterin 208

mal [mal] schlecht (*adv.*) 158

malheureux (*pl. inv.*, -euse,

255

-euses) [malœrø] unglücklich 229
manche (-s) [mã:ʃ] Ärmel 166
manches *pl.* [mã:ʃ] Ärmel *pl.* 85
manteau (-x) [mãto] Mantel 202
marche (-s) [marʃ] (Treppen-)Stufe 153
marcher [marʃe] gehen, laufen 211
marches *pl.* [marʃ] (Treppen-)Stufen *pl.* 137
mardi [mardi] Dienstag 134
Marie [mari] Maria 111
mars [mars] März 175
Marseille [marsɛ:j] (*Stadt in Frankreich*) 123
marteau (-x) [marto] Hammer 161
matin (-s) [matɛ̃] Morgen 138
matins *pl.* [matɛ̃] Morgen *pl.* 143
mauvais (*pl. inv.*, -e, -es) [movɛ] schlecht 98, 218
me [mə] mich; mir 41, 222
Méditerranée [mediterane] Mittelmeer 137
meilleur (-s, -e, -es) [mɛjœ:r] besser 199
même (-s) *fem. inv.*, -s) [mɛm] (der-, die-, das)selbe 130
menton (-s) [mãtõ] Kinn 50
mer (-s) [mɛ:r] Meer 186
merci [mɛrsi] danke 228
mercredi [mɛrkrədi] Mittwoch 134
mère (-s) [mɛ:r] Mutter 108
mes *pl.* [me] meine (*pl.*) 42
mesure (-s) [məzy:r] Maß(stab) 97
mesure ‹mesurer› [məzy:r] (er) mißt ‹messen› 156
mesurer [məzyre] messen 97

mesures *pl.* [məzy:r] Maße *pl.*, Maßstäbe *pl.* 179
met ‹mettre› [mɛ] er setzt, stellt, legt, tut ‹setzen, stellen, legen, tun› 15
mètre (-s) [mɛ:tr] Meter(stab) 97
mètres *pl.* [mɛ:tr] Meter *pl.* 180
mets ‹mettre› [mɛ] (ich) setze, stelle, lege, tue ‹setzen, stellen, legen, tun›; setze auf/an! ‹auf-, ansetzen› 47, 158
mettez ‹mettre› [mɛte] tu(t)!, tun Sie! ‹tun› 95
mettra ‹mettre› [mɛtra] (er) wird setzen, stellen, legen, tun ‹setzen, stellen, legen, tun› 15
mettrai ‹mettre› [mɛtre] (ich) werde setzen, stellen, legen, tun ‹setzen, stellen, legen, tun› 153
mettras ‹mettre› [mɛtra] (du) wirst setzen, stellen, legen, tun ‹setzen, stellen, legen, tun› 154
mettre [mɛtr] setzen, stellen, legen, tun 82
midi [midi] Mittag 36
mieux [mjø] besser (*adv.*) 163
milieu [miljø] Mitte 163
mille [mil] tausend 205
million [miljõ] Million 145
millions *pl.* [miljõ] Millionen *pl.* 195
mince (-s, *fem. inv.*, -s) [mɛ̃:s] dünn, schmal 98
mines *pl.* [min] Bergwerke *pl.* 216
minuit [minɥi] Mitternacht 46
minutes *pl.* [minyt] Minuten *pl.* 177
mis (*pl. inv.*, -e, -es) ‹mettre›

[mi] gesetzt, gestellt, gelegt, getan ‹setzen, stellen, legen, tun› 15
mise *fem.* [mi:z] gesetzt, gestellt, gelegt, getan 83
mises *fem. pl.* [mi:z] gesetzt, gestellt, gelegt, getan 105
moi [mwa] (*betont:*) ich; mir 1, 135
moins [mwɛ̃] weniger 225
mois (*pl. inv.*) [mwa] Monat 175
mois *pl.* [mwa] Monate *pl.* 175
moitié (-s) [mwatje] Hälfte 188
molle *fem.* [mɔl] weich 102
mon [mɔ̃] mein 11
monde (-s) [mɔ̃:d] Welt 239
Monsieur [məsjø] (*beim Namen:*) Herr; (*Anrede:*) mein Herr! 61
montagnes *pl.* [mɔ̃taɲ] Berge *pl.* 110
monte ‹monter› [mɔ̃:t] (er) steigt auf ‹aufsteigen› 96
morceau (-x) [mɔrso] Stück 103
morceaux *pl.* [mɔrso] Stücke *pl.* 160
mot (-s) [mo] Wort 136
mou (-s, molle, molles) [mu] weich 102
mouillées *fem. pl.* [muje] naß, feucht 127
mouton (-s) [mutɔ̃] Schaf 91
moutons *pl.* [mutɔ̃] Schafe *pl.* 107
mur (-s) [my:r] Wand 27
murs *pl.* [my:r] Wände *pl.* 47
musique (-s) [myzik] Musik 224

N

n' (... pas) [n] = ne (... pas) 49
nage ‹nager› [na:ʒ] (er) schwimmt ‹schwimmen› 234
nager [naʒe] schwimmen 234
ne [nə] (*Verneinungswort*) 220
ne ... pas [nə ... pa] nicht 38
neige [nɛ:ʒ] Schnee 176
neuf [nœf] neun 36
neuve *fem.* [nœ:v] neu 80
neuves *fem. pl.* [nœ:v] neu 124
New-York [nyjɔrk] New York 186
nez (*pl. inv.*) [ne] Nase 42
ni ... ni [ni] weder ... noch 221
noir (-s, -e, -es) [nwa:r] schwarz 226
nom (-s) [nɔ̃] Name(n) 58
nommez ‹nommer› [nɔme] nenne!, nennt!, nennen Sie! ‹nennen› 212
noms *pl.* [nɔ̃] Namen *pl.* 149
non [nɔ̃] nein 30
nord [nɔ:r] Norden 144
nos *pl.* [no] unsere (*pl.*) 50
note (-s) [nɔt] Note 224
notes *pl.* [nɔt] Noten *pl.* 224
notre [nɔtr] unser(e) 50
nourriture [nurity:r] Nahrung 106
nous [nu] wir; uns 2, 156, 183
nouvelle *fem.* [nuvɛl] neu 189
novembre [nɔvɑ̃:br] November 175
nuage (-s) [nɥa:ʒ] Wolke 142
nuages *pl.* [nɥa:ʒ] Wolken *pl.* 197
nuit (-s) [nɥi] Nacht 147
numéro (-s) [nymero] Nummer 36
numéros *pl.* [nymero] Nummern *pl.* 36

O

objet (-s) [ɔbʒɛ] Gegenstand, Ding 235

objets *pl.* [ɔbʒɛ] Gegenstände *pl.*, Dinge *pl.* 209
obscur (-s) [ɔpskyːr] dunkel, finster 229
octobre [ɔktɔbr] Oktober 175
odorat [ɔdɔra] Geruch(ssinn) 221
œil (*pl.* yeux) [œːj] Auge 40
œufs *pl.* [ø] Eier *pl.* 96
oh! [o] oh!, ach! 74
oiseau (-x) [wazo] Vogel 24
oiseaux *pl.* [wazo] Vögel *pl.* 24
on [ɔ̃] man 30
ont ⟨avoir⟩ [ɔ̃] (sie) haben ⟨haben⟩ 49
onze [ɔ̃ːz] elf 36
orange (-s) [ɔrɑ̃ːʒ] Orange, Apfelsine 106
oranges *pl.* [ɔrɑ̃ːʒ] Orangen *pl.*, Apfelsinen *pl.* 100
oreilles *pl.* [ɔrɛːj] Ohren *pl.* 45
os (*pl. inv.* [o]) [ɔs] Knochen 112
ou [u] oder 178
où [u] wo 38
ouest [uɛst] Westen 143
oui [wi] ja 30
ouïe [wi] Gehör(ssinn) 215
ouvert ⟨ouvrir⟩ [uvɛːr] offen, geöffnet ⟨öffnen⟩ 42
ouverte *fem.* [uvɛrt] offen, geöffnet 26
ouverts *pl.* [uvɛːr] offen, geöffnet 40

P

page (-s) [paːʒ] Seite 31
pages *pl.* [paːʒ] Seiten *pl.* 43
pain [pɛ̃] Brot 99
paix [pɛ] Friede(n) 189
panier (-s) [panje] Korb 82
paniers *pl.* [panje] Körbe *pl.* 107

pantalons *pl.* [pɑ̃talɔ̃] Hose(n *pl.*) 85
papier (-s) [papje] Papier 136
par [par] durch; am, auf dem; von 60, 76, 232
parapluie (-s) [paraplɥi] Regenschirm 197
parce qu' [parsk] = parce que 98
parce que [parskə] weil 175
pareille *fem.* [parɛːj] gleich, ähnlich 130
pareilles *fem. pl.* [parɛːj] gleich, ähnlich 107
pareils *pl.* [parɛːj] gleich, ähnlich 107
parfum (-s) [parfœ̃] Duft 218
parfumées *fem. pl.* [parfyme] duftend 218
Paris [pari] Paris 123
parle ⟨parler⟩ [parl] (er) spricht ⟨sprechen⟩ 139
parlé (-s, -s, -es) ⟨parler⟩ [parle] gesprochen ⟨sprechen⟩ 141
part ⟨partir⟩ [paːr] (er) fährt/geht weg ⟨wegfahren, -gehen⟩ 230
partie (-s) [parti] Teil 138
parties *pl.* [parti] Teile *pl.* 45
partir [partiːr] wegfahren, -gehen 230
pas [pa] (*Verneinungswort*) 38
passera ⟨passer⟩ [pasra] (er) wird durchgehen/durchkommen ⟨durchgehen, -kommen⟩ 160
pâte (-s) [pɑːt] Pasta 128
pattes *pl.* [pat] Pfoten *pl.* 49
payé (-s, -e, -es) ⟨payer⟩ [pɛje] bezahlt ⟨bezahlen⟩ 134

peigne ⟨peigner⟩ [pɛɲ] (er) kämmt ⟨kämmen⟩ 129
peigne (-s) [pɛɲ] Kamm 129
peine (-s) [pɛn] Schmerz, Kummer 227
peint ⟨peindre⟩ [pɛ̃] (er) malt; streicht an ⟨malen, anstreichen⟩ 205
peintre (-s) [pɛ̃:tr] Maler 205
peinture (-s) [pɛ̃ty:r] Farbe, Anstrichmasse 205
pelure [pəly:r] Schale 92
pendule (-s) [pãdyl] Wanduhr 35
pense ⟨penser⟩ [pãs] (er) denkt ⟨denken⟩ 241
perdu (-s, -e, -es) ⟨perdre⟩ [pɛrdy] verloren ⟨verlieren⟩ 228
père (-s) [pɛ:r] Vater 108
perron (-s) [pɛrɔ̃] (Frei-)Treppe 153
personne (-s) [pɛrsɔn] Person 37
personnes pl. [pɛrsɔn] Personen pl. 37
petit (-s) [pəti] klein 108
petite fem. [pətit] klein 45
petite fille (-s -s) [pətitfi:j] Mädchen 7
petites fem. pl. [pətit] klein 109
petites filles pl. [pətitfi:j] Mädchen pl. 8
petits pl. [pəti] klein 220
peu [pø] wenig 134
peut ⟨pouvoir⟩ [pø] (er) kann ⟨können⟩ 183
peut-être [pøtɛ:tr] vielleicht 199
peuvent ⟨pouvoir⟩ [pœ:v] (sie) können ⟨können⟩ 235
peux ⟨pouvoir⟩ [pø] (ich) kann ⟨können⟩ 194
phase (-s) [fa:z] Phase 189
phases pl. [fa:z] Phasen pl. 189

Picot [piko] (Familienname) 136
pièce (-s) [pjɛs] Stück 201
pied (-s) [pje] Fuß 25
pieds pl. [pje] Füße pl. 25
Pierre [pjɛ:r] Peter 110
pipe (-s) [pip] Pfeife 80
place (-s) [plas] Platz 240
place ⟨placer⟩ [plas] (er) stellt/setzt/legt (hin); bringt an ⟨(hin)stellen, (-)setzen, (-)legen; anbringen⟩ 201
plaçons ⟨placer⟩ [plasɔ̃] (wir) legen an ⟨anlegen⟩ 206
plaisir (-s) [plɛzi:r] Freude, Vergnügen 227
plaisirs pl. [plɛzi:r] Freuden pl., Vergnügungen pl. 234
plancher (-s) [plãʃe] Fußboden 23
plante (-s) [plã:t] Pflanze 92
plantes pl. [plã:t] Pflanzen pl. 107
plateau (-x) [plato] Tablett 78
plein (-s, -e, -es) [plɛ̃] voll 189
pleine fem. [plɛn] voll 189
pleure ⟨pleurer⟩ [plœ:r] (er) weint ⟨weinen⟩ 233
pleut ⟨pleuvoir⟩ [plø] (es) regnet ⟨regnen⟩ 197
pleuvait ⟨pleuvoir⟩ [pløvɛ] (es) regnete ⟨regnen⟩ 197
pluie [plɥi] Regen 197
plume (-s) [plym] Feder 136
plus [ply] mehr; (Steigerungsform) 155
poche (-s) [pɔʃ] Tasche 58
point (-s) [pwɛ̃] Punkt 30
points pl. [pwɛ̃] Punkte pl. 144
poitrine (-s) [pwatrin] Brust 51
pomme (-s) [pɔm] Apfel 82
pommes pl. [pɔm] Äpfel pl. 100

259

pommes de terre [pɔmdətɛːr]
Kartoffeln 91
port (-s) [pɔːr] Hafen 136
porte (-s) [pɔrt] Tür 26
porte ‹porter› [pɔrt] (er) trägt
 ‹tragen› 86
porté (-s, -e, -es) ‹porter›
 [pɔrte] getragen ‹tragen› 86
portes *pl.* [pɔrt] Türen *pl.* 37
postale (-s, *fem. inv.*, -s) [pɔstal] Post- 137
poste (-s) [pɔst] Post(amt) 137
pouce (-s) [pus] Daumen 10
pouces *pl.* [pus] Daumen *pl.* 48
poudre (-s) [pudr] Pulver 215
poudres *pl.* [pudr] Pulver *pl.* 216
pour [pur] für, um zu 97
pourquoi [purkwa] warum 187
pousse ‹pousser› [pus] (er)
 stößt (auf) ‹(auf)stoßen› 59
poussé (-s, -e, -es) ‹pousser›
 [puse] um-, angestoßen
 ‹um-, anstoßen› 158
poussent ‹pousser› [pus] (sie)
 sprießen, wachsen ‹sprießen, wachsen› 176
pouvez ‹pouvoir› [puve] (ihr)
 könnt ‹können› 193
pouvons ‹pouvoir› [puvɔ̃]
 (wir) können ‹können› 209
premier (-s, -ère, -ères)
 [prəmje] erster, -e, -es 188
première *fem.* [prəmjɛːr]
 erste 226
premiers *pl.* [prəmje] erste 201
prend ‹prendre› [prɑ̃] (er)
 nimmt, nimmt zu sich, ißt,
 trinkt; ‹nehmen› ‹zu sich
 nehmen, essen, trinken› 66, 98
prendra ‹prendre› [prɑ̃dra]
 (er) wird nehmen ‹nehmen› 66

prendrai ‹prendre› [prɑ̃dre]
 (ich) werde nehmen ‹nehmen› 71
prendre [prɑ̃ːdr] nehmen 74
prends ‹prendre› [prɑ̃] (ich)
 nehme ‹nehmen› 120
prenez ‹prendre› [prəne] (ihr)
 nehmt; nimm!, nehmt!,
 nehmen Sie! ‹nehmen› 117, 238
prennent ‹prendre› [prɛn]
 (sie) nehmen; nehmen zu
 sich, essen, trinken ‹nehmen; zu sich nehmen,
 essen, trinken› 79
près [prɛ] (nahe) bei/an 78
présente ‹présenter› [prezɑ̃t]
 (er) stellt vor, zeigt ‹vorstellen, zeigen› 188
prêt (-s, -e, -es) [prɛ] fertig 161
prête *fem.* [prɛːt] fertig 105
principale *fem.* [prɛ̃sipal]
 hauptsächlich, wesentlich,
 Haupt- 211
principaux *pl.* [prɛ̃sipo] hauptsächlich, wesentlich,
 Haupt- 215
principe (-s) [prɛ̃sip] Prinzip,
 (physikalisches) Gesetz 200
principes *pl.* [prɛ̃sip] Prinzipien *pl.*, (physikalische)
 Gesetze *pl.* 200
printemps [prɛ̃tɑ̃] Frühling 176
pris (*pl. inv.*, -e, -es) ‹prendre›
 [pri] genommen ‹nehmen› 66
prise *fem.* [priːz] genommen 83
profonde *fem.* [prɔfɔ̃ːd] tief 226
profondes *fem. pl.* [prɔfɔ̃ːd]
 tief 216
promenade (-s) [prɔmnad]
 Spaziergang 179
prononce ‹prononcer› [prɔ-

nɔ̃s] (er) spricht aus ‹aussprechen› 211
propre (-s, *fem. inv.*, -s) [prɔpr] sauber 125
propres *pl.* [prɔpr] sauber 125
purée [pyre] Püree 102

Q

qu' [k] = que 82, 179, 227
quand [kɑ̃] wann 65
quarante [karɑ̃:t] vierzig 100
quarante et un [karɑ̃tœ̃] einundvierzig 145
quart (-s) [ka:r] Viertel 177
quartier (-s) [kartje] Viertel 188
quarts *pl.* [ka:r] Viertel *pl.* 177
quatorze [katɔrz] vierzehn 145
quatre [katr] vier 24
quatre-vingt-dix [katrvɛ̃dis] neunzig 145
quatre-vingt-onze [katrvɛ̃ɔ̃:z] einundneunzig 145
quatre-vingts [katrvɛ̃] achtzig 145
quatre-vingt-un [katrvɛ̃œ̃] einundachtzig 145
que [kə] was; welcher, -e, -es; als 30, 111, 177
quel (-s, -lle, -lles) [kɛl] welcher, -e, -es 117
quelle *fem.* [kɛl] welche 35
quelles *fem. pl.* [kɛl] welche 90
quelque [kɛlk] (irgend)ein, -er, -e, -s 150, 190
quelquefois [kɛlkfwa] manchmal 188
quelques *pl.* [kɛlk] einige, ein paar 216
quels *pl.* [kɛl] welche 117
qu'est-ce que [kɛskə] was 30
question (-s) [kɛstjɔ̃] Frage 30
questions *pl.* [kɛstjɔ̃] Fragen *pl.* 31
queue (-s) [kø] Schwanz 49
qui [ki] wer; (*das*) was 50, 72
qui est-ce? [kiɛs] wer ist das? 58
quinze [kɛ̃:z] fünfzehn 145

R

racine (-s) [rasin] Wurzel 92
racines *pl.* [rasin] Wurzeln *pl.* 92
rails *pl.* [ra:j] Schienen *pl.*, Gleise *pl.* 133
rapide (-s) [rapid] schnell 183
rayon (-s) [rɛjɔ̃] Regalbrett, Fach 38
rayons *pl.* [rɛjɔ̃] Regal(bretter *pl.*) *sg.* 44
rêche (-s, *fem. inv.*, -s) [rɛ:ʃ] rauh, spröde 235
reçoivent ‹recevoir› [rəswa:v] (sie) bekommen, erhalten ‹bekommen, erhalten› 139
recommence ‹recommencer› [rəkɔmɑ̃:s] fang nochmals/ wieder an!; (er) fängt nochmals/wieder an ‹nochmals/ wieder anfangen› 159
recommencer [rəkɔmɑ̃se] nochmals/wieder anfangen 159
reçu (-s, -e, -es) (recevoir) [rəsy] bekommen, erhalten (bekommen, erhalten) 138
regardant ‹regarder› [rəgardɑ̃] ansehend, betrachtend ‹ansehen, betrachten› 207
regarde ‹regarder› [rəgard] (er) sieht an, betrachtet ‹ansehen, betrachten› 139
regarder [rəgarde] ansehen, betrachten 227

regardons ‹regarder› [regardõ]
(wir) sehen an, betrachten
‹ansehen, betrachten› 209
rentre ‹rentrer› [rã:tr] (er)
kehrt zurück ‹zurückkeh-
ren› 241
rentrés pl. [rãtre] zurückge-
kehrt 139
répétez ‹répéter› [repete] wie-
derhole!, wiederholt!, wiederholen Sie! ‹wiederholen› 145
réponse (-s) [repɔ̃:s] Antwort 30
réponses pl. [repɔ̃:s] Antwor-
ten pl. 31
repose ‹reposer› [rəpo:z] (er)
ruht (sich aus) ‹(sich aus-)
ruhen› 234
respiration [rɛspirasjõ] At-
mung 95
retourne ‹retourner› [rəturn]
(er) wendet (um), gräbt um
‹(um)wenden, umgraben› 207
révolver (-s) [revɔlvɛ:r] Re-
volver 224
rien [riɛ̃] nichts 42
rire (-s) [ri:r] Lachen 231
rit ‹rire› [ri] (er) lacht ‹lachen›
233
rivière (-s) [rivjɛ:r] Fluß 185
robe (-s) [rɔb] Kleid 80
robes pl. [rɔb] Kleider pl. 81
rond (-s, -e, -es) [rɔ̃] rund 142
ronde fem. [rɔ̃:d] rund 142
rondes fem. pl. [rɔ̃:d] rund 200
Rose [ro:z] (Familienname) 136
roue (-s) [ru] Rad 200
roues pl. [ru] Räder pl. 200
rouge (-s, fem. inv., -s) [ru:ʒ]
rot 219
route (-s) [rut] (Land-, Fahr-)
Straße 185

routes pl. [rut] (Land-, Fahr-)
Straßen pl. 185
rue (-s) [ry] Straße 28

S

s' [s] = se 202
sa [sa] seine, ihre (fem. sg.) 15
sable (-s) [sa:bl] Sand 234
sac (-s) [sak] (Akten)Tasche;
(Schuh)Beutel 122, 125
saison (-s) [sɛzõ] Jahreszeit 177
sait ‹savoir› [sɛ] (er) weiß
‹wissen› 207
sale (-s, fem. inv., -s) [sal]
schmutzig 125
salé (-s, -e, -es) ‹saler› [sale]
gesalzen, salzig ‹salzen› 217
salée fem. [sale] gesalzen,
salzig 216
sales pl. [sal] schmutzig 125
salle (-s) [sal] Saal, Zimmer 26
salles pl. [sal] Säle pl., Zimmer pl. 121
samedi [samdi] Sonnabend,
Samstag 134
sans [sã] ohne 227
savait ‹savoir› [savɛ] (er)
wußte ‹wissen› 238
savon (-s) [savõ] Seife 127
se [sə] sich 127
sec (-s, sèche, sèches) [sɛk]
trocken 229
sèche ‹sécher› [sɛ:ʃ] (er)
trocknet ‹trocknen› 128
sèches fem. pl. [sɛ:ʃ] trocken
128
Seine [sɛn] Seine, französischer
Fluß 136
Seine Maritime [sɛnmaritim]
(französisches Département) 136
seize [sɛ:z] sechzehn 145

sel [sɛl] Salz 104
semaine (-s) [səmɛn] Woche 134
semble ‹sembler› [sɑ̃:bl] (er) (er)scheint ‹(er)scheinen› 220
semblent ‹sembler› [sɑ̃:bl] (sie) (er)scheinen ‹(er)scheinen› 220
sens (*pl. inv.*) [sɑ̃:s] Sinn 215, 228
sens *pl.* [sɑ̃:s] Sinne *pl.* 215
sensation (-s) [sɑ̃sasjɔ̃] Empfindung 235
sensations *pl.* [sɑ̃sasjɔ̃] Empfindungen *pl.* 234
sent ‹sentir› [sɑ̃] (er) riecht ‹riechen› 218
sentent ‹sentir› [sɑ̃:t] (sie) riechen ‹riechen› 218
sept [sɛt] sieben 35
septembre [sɛptɑ̃:br] September 175
sera ‹être› [səra] (er) wird sein ‹sein› 35
seront ‹être› [sərɔ̃] (sie) werden sein ‹sein› 129
serrure (-s) [sɛry:r] (Tür-)Schloß 59
serviette (-s) [sɛrvjɛt] Handtuch 125
ses *pl.* [se] seine, ihre (*pl.*) 45
si [si] so 182
sifflet (-s) [siflɛ] Pfeife 224
s'il vous plaît [silvuplɛ] bitte 135
singe (-s) [sɛ̃:ʒ] Affe 225
six [sis] sechs 35
sœur (-s) [sœ:r] Schwester 109
sœurs *pl.* [sœ:r] Schwestern *pl.* 120
soie [swa] Seide 201
soir (-s) [swa:r] Abend 143
soirs *pl.* [swa:r] Abende *pl.* 143
soixante [swasɑ̃:t] sechzig 145

soixante-dix [swasɑ̃tdis] siebzig 145
soixante et onze [swasɑ̃teɔ̃:z] einundsiebzig 145
soixante et un [swasɑ̃teœ̃] einundsechzig 145
soleil [sɔlɛ:j] Sonne 142
solide (-s, *fem. inv.*, -s) [sɔlid] fest; haltbar 94, 161
sombre (-s, *fem. inv.*, -s) [sɔ̃:br] dunkel, düster 188
sommes ‹être› [sɔm] (wir) sind ‹sein› 6
son [sɔ̃] sein, ihr 12
sont ‹être› [sɔ̃] (sie) sind ‹sein› 5
sort ‹sortir› [sɔ:r] (er) geht hinaus ‹hinausgehen› 66
sortent ‹sortir› [sɔrt] (sie) gehen hinaus ‹hinausgehen› 202
sortes *pl.* [sɔrt] Sorten *pl.*, Arten *pl.* 242
sorti (-s, -e, -es) ‹sortir› [sɔrti] hinausgegangen ‹hinausgehen› 63
sortie *fem.* [sɔrti] hinausgegangen 63
sortir [sɔrti:r] hinausgehen 94
sortira ‹sortir› [sɔrtira] (er) wird hinausgehen ‹hinausgehen› 63
souffle [sufl] Atem, Hauch 95
soulevé (-s, -e, -es) ‹soulever› [sulve] aufgehoben ‹aufheben› 75
soulier (-s) [sulje] Schuh 149
souliers *pl.* [sulje] Schuhe *pl.* 81
soupe (-s) [sup] Suppe 78
sourire (-s) [suri:r] Lächeln 231
sourit ‹sourire› [suri] (er) lächelt ‹lächeln› 231
sous [su] unter 44

263

substance (-s) [sypstã:s] Substanz, Stoff, Masse 202
sucre [sykr] Zucker 215
sucré (-s, -e, -es) ‹sucrer› [sykre] gezuckert; (zucker)süß ‹zuckern› 217
sucrées *fem. pl.* [sykre] gezuckert; (zucker)süß 217
sucrés *pl.* [sykre] gezuckert; (zucker)süß 195
sud [syd] Süden 144
suis (être) [sɥi] (ich) bin 4
suis ‹suivre› [sɥi] (ich) folge ‹folgen› 158
suivi (-s, -e, -es) ‹suivre› [sɥivi] gefolgt ‹folgen› 158
support (-s) [sypɔ:r] Stütze, Träger 163
supports *pl.* [sypɔ:r] Stützen *pl.*, Träger *pl.* 163
sur [syr] auf 11

T

table (-s) [tabl] Tisch 10
tableau (-x) [tablo] Bild 26
tables *pl.* [tabl] Tische *pl.* 17
tasse (-s) [tas] Tasse 91
taxi (-s) [taksi] Taxi 132
te [tə] dich 162
tels *pl.* [tɛl] solche, (*hier:*) so 220
température (-s) [tãperaty:r] Temperatur 190
temps (*pl. inv.*) [tã] Zeit 97
tenait ‹tenir› [tənɛ] (er) hielt ‹halten› 82
tendre (-s, *fem. inv.*, -s) [tã:dr] zart, weich 102
tendres *fem. pl.* [tã:dr] zart, weich 101
tenir [təni:r] halten; (*hier:*) führen 206

terre [tɛ:r] Erde 76
tête (-s) [tɛ:t] Kopf 11
tiennent ‹tenir› [tjɛn] (sie) halten ‹halten› 203
tiens ‹tenir› [tjɛ̃] (ich) halte ‹halten› 112
tient ‹tenir› [tjɛ̃] (er) hält ‹halten› 61
tige (-s) [ti:ʒ] Stengel, Stiel 92
tiges *pl.* [ti:ʒ] Stengel *pl.*, Stiele *pl.* 216
timbre (-s) [tɛ̃:br] Briefmarke 136
tire ‹tirer› [ti:r] (er) zieht (heraus) ‹(heraus)ziehen› 77
tiré (-s, -e, -es) ‹tirer› [tire] (heraus)gezogen ‹(heraus-)ziehen› 77
tire-bouchon (-s) [tirbuʃɔ̃] Korkenzieher 77
tirera ‹tirer› [tirəra] (er) wird (heraus)ziehen ‹(heraus-)ziehen› 77
tiroir (-s) [tirwa:r] (Schub-)Fach, Schublade 94
tiroirs *pl.* [tirwa:r] (Schub-)Fächer *pl.*, Schubladen *pl.* 96
tissu (-s) [tisy] Gewebe, Stoff 201
tissus *pl.* [tisy] Gewebe *pl.*, Stoffe *pl.* 200
toi [twa] dir 158
toit (-s) [twa] Dach 154
tombe ‹tomber› [tɔ̃:b] (er) fällt ‹fallen› 197
tombée *fem.* [tɔ̃be] gefallen 233
tombent ‹tomber› [tɔ̃:b] (sie) fallen ‹fallen› 177
ton [tɔ̃] dein 165
tord ‹tordre› [tɔ:r] (er) dreht ‹drehen› 202
tordant ‹tordre› [tɔrdã] drehend ‹drehen› 202

tordu (-s, -e, -es) ‹tordre›
[tɔrdy] gedreht ‹drehen› 202
touchant ‹toucher› [tuʃɑ̃] berührend ‹berühren› 209
touche ‹toucher› [tuʃ] (er) berührt ‹berühren› 235
touchent ‹toucher› [tuʃ] (sie) berühren ‹berühren› 209
toucher [tuʃe] berühren; Tastsinn 209, 215
toujours [tuʒuːr] immer 187
tour (-s) [tuːr] Runde, Umdrehung 187
tourne ‹tourner› [turn] (er) dreht (sich) um ‹(sich) umdrehen› 59
tournent ‹tourner› [turn] (sie) drehen (sich) um ‹(sich) umdrehen› 142
tous *pl.* [tu] alle 143
toutes *fem. pl.* [tut] alle 131
train (-s) [trɛ̃] (Eisenbahn-)Zug 123
trains *pl.* [trɛ̃] (Eisenbahn-)Züge *pl.* 174
transparent (-s, -e, -es) [trɑ̃sparɑ̃] durchsichtig 110
transparente *fem.* [trɑ̃sparɑ̃ːt] durchsichtig 110
transport (-s) [trɑ̃spɔːr] Transport 183
transportent ‹transporter› [trɑ̃spɔrt] (sie) transportieren ‹transportieren› 183
travail (-aux) [travaːj] Arbeit 139
travaille ‹travailler› [travaːj] (er) arbeitet ‹arbeiten› 147
traversent ‹traverser› [travɛrs] (sie) durchqueren, laufen durch ‹durchqueren, laufen durch› 201

treize [trɛːz] dreizehn 145
trente [trɑ̃ːt] dreißig 139
trente et un [trɑ̃teœ̃] einunddreißig 145
très [trɛ] sehr 96
trois [trwa] drei 17
troisième [trwazjɛm] dritter, -e, -es 225
trou (-s) [tru] Loch 124
trous *pl.* [tru] Löcher *pl.* 124
trouve ‹trouver› [truve] (er) findet ‹finden› 216
tu [ty] du 150

U

un [œ̃] ein(er, -e, -s) 7
une [yn] eine 7
uns *pl.* [œ̃] (*die*) einen 184
utile (-s, *fem. inv.*, -s) [ytil] nützlich 200
utiles *fem. pl.* [ytil] nützlich 200

V

va ‹aller› [va] (er) geht ‹gehen› 29
vache (-s) [vaʃ] Kuh 91
vaches *pl.* [vaʃ] Kühe *pl.* 91
vagues *pl.* [vag] Wellen *pl.*, Wogen *pl.* 234
vais ‹aller› [vɛ] (ich) gehe ‹gehen› 155
vapeur (-s) [vapœːr] Dampf 93
vas ‹aller› [va] (du) gehst ‹gehen› 163
veille (-s) [vɛːj] vorhergehender Tag, Tag vorher 177
vend ‹vendre› [vɑ̃] (er) verkauft ‹verkaufen› 208
vendent ‹vendre› [vɑ̃ːd] (sie) verkaufen ‹verkaufen› 242

vendredi [vɑ̃drədi] Freitag 134
vent (-s) [vɑ̃] Wind 75
venu (-s, -e, -es) ‹venir› [vəny] gekommen ‹kommen› 61
venue *fem.* [vəny] gekommen 61
ver (-s) [vɛːr] Wurm 202
verra ‹voir› [vɛra] (er) wird sehen ‹sehen› 64
verre (-s) [vɛːr] (Trink)Glas; Glas 23, 182
verres *pl.* [vɛːr] (Trink)Gläser *pl.* 24
vers [vɛːr] auf ... zu, zu 86
vert (-s, -e, -es) [vɛːr] grün 219
verte *fem.* [vɛrt] grün 219
vertes *fem. pl.* [vɛrt] grün 219
veston (-s) [vɛstɔ̃] Jacket, Sakko 84
vêtements *pl.* [vɛtmɑ̃] Kleider *pl.* 81
viande [vjɑ̃ːd] Fleisch 99
vie (-s) [vi] Leben 239
vieille *fem.* [vjɛːj] alt 80
vieilles *fem. pl.* [vjɛːj] alt 124
viendra ‹venir› [vjɛ̃dra] (er) wird kommen ‹kommen› 60
viennent ‹venir› [vjɛn] (sie) kommen ‹kommen› 242
vient ‹venir› [vjɛ̃] (er) kommt ‹kommen› 61
vieux (*pl. inv.*, vieille, vieilles) [vjø] alt 180
vieux *pl.* [vjø] alt 124
ville (-s) [vil] Stadt 136
villes *pl.* [vil] Städte *pl.* 186
vin (-s) [vɛ̃] Wein 77
vingt [vɛ̃] zwanzig 97
vingt et un [vɛ̃teœ̃] einundzwanzig 145
vite [vit] schnell 179
voici [vwasi] hier ist/sind 13

voient ‹voir› [vwa] (sie) sehen ‹sehen› 220
voilà [vwala] dort ist/sind 24
voir [vwaːr] sehen 220
vois ‹voir› [vwa] (ich) sehe ‹sehen› 41
voit ‹voir› [vwa] (er) sieht ‹sehen› 41
voiture (-s) [vwatyːr] Wagen 184
voitures *pl.* [vwatyːr] Wagen *pl.* 183
vont ‹aller› [vɔ̃] (sie) gehen ‹gehen› 39
vos *pl.* [vo] eu(e)re, deine, (*auch*: Ihre) (*pl.*) 13
votre [vɔtr] euer/eu(e)re, dein(e), (*auch*:) Ihr(e) 13
vous [vu] (*betont*:) du; ihr, (*auch*:) Sie; euch, (*auch*:) Sie 148
voyage (-s) [vwajaːʒ] Reise 123
voyait ‹voir› [vwajɛ] (er) sah ‹sehen› 41
voyez ‹voir› [vwaje] (ihr) seht; sieh!, seht!, sehen Sie! ‹sehen› 47, 72
voyons ‹voir› [vwajɔ̃] (wir) sehen ‹sehen› 110
vu (-s, -e, -es) ‹voir› [vy] gesehen ‹sehen› 65
vue [vy] Sehen, Gesichtssinn 215

W

Washington [waʃiŋtən] Washington 186

Y

y [i] dort 68
yeux *pl.* [jø] Augen *pl.* 40